이호선의

# 나이 들수록

**관계 편**

# 이호선의 나이 들수록

**관계 편** —————————————————————— 이호선 지음

나이 듦의 불안이 사라지는
32가지 심리 수업

**은행나무**

# 길어진 인생, 손절 대신 관계가 답이다

요즘 쇼펜하우어 선생님이 사후 최고의 명성을 얻고 있습니다. 손절 시대의 선구자이시기 때문일 겁니다. 21세기인 지금 쇼펜하우어의 유지를 받들어 유튜브마다 손절을 외치는 연사들이 많아지는 이유가 뭘까요? 그건 관계에 대한 우리의 두려움이 외로움을 이기고 있기 때문일 겁니다. 또 이런 손절의 외침이 우리 귀에 들리는 이유는 감당하지 못할 관계의 무게가 우리에게도 상처로 남아 있기 때문이고요.

마음상처, 그 흉터의 수만큼 우리는 수많은 관계를 맺고 헤어졌습니다. 지금도 가족, 친구, 연인, 동료 등 다양한 형태의 관계 속에서 기쁨과 슬픔, 성장과 뼈저린 좌절을 경험합니다. 하지만 하루에 463엑사바이트(EB), 즉 DVD 2억 1,000만 개 만큼의 정보가 쏟아지는 지금 세상에서도 인간관계를 제대로 이해하고 관리하는 방법을 배우는 기회는 그리 많지 않습니다.

《이호선의 나이 들수록: 관계 편》은 이러한 현실에 주목합니다. 어른이 되었다고 해서 자동으로 관계의 달인이 되는 것은 아니지요. 오히려 나날이 발전하는 사회 속에서, 나이 들수록 복잡해지는 인생에서 더 많은 갈등과 고민을 직면하게 됩니다. 마흔이 되어도 불혹은커녕 늘 '혹' 하고, 오십이 되어도 하늘의 뜻을 안다는 지천명의 지혜가 찾아오는 대신 문제가 '지천'이지요. 아침에 눈 뜨면 오늘도 어김없이 나를 피곤하게 만들 사람들 때문에 한숨이 나오고요.

이 책은 다 큰 어른들이 자신의 관계를 돌아보고 개선할 수 있는 실질적인 지침을 제공합니다. 심리학, 사회학, 의사소통 이론 등 다양한 분야의 연구 결과를 바탕으로, '나'에서 출발해 가족, 친구, 직장 동료 등 일상적인 관계에서 마주하는 문제들을 해결하는 방법을 탐구합니다.

여기서 다루는 주제들은 단순히 이론에 그치지 않습니다. 실제 사례와 실천 가능한 전략들을 통해, 여러분은 자신의 삶에 즉시 적용할 수 있는 통찰을 얻게 될 것입니다. 갈등 해결, 효과적인 의사소통, 경계 설정, 공감 능력 향상 등 나이 들수록 관계가 편안해지고 안정되는 다양한 스킬을 익힐 수 있습니다.

이 책은 완벽한 관계를 약속하지 않습니다. 대신 더 나은 관계를 위해 노력하는 과정의 가치를 강조합니다. 이 책을 통해 여러분은 자신과 타인을 더 깊이 이해하고, 더 풍요로운 관계를 만들어갈 수 있는 지혜를 얻게 될 것입니다.

100+α세 시대를 맞이한 지금, 관계는 길어진 인생을 떠받치며 행복을 꽃피우는, 삶의 핵심입니다. 이 책은 그 핵심을 더욱 단단하고 아름답게 만들어갈 수 있는 길잡이가 되어줄 것입니다. 지금, 여러분의 관계에 새로운 시선을 던져볼 준비가 되셨나요?《이호선의 나이 들수록: 관계 편》과 함께 그 여정을 시작해보시기 바랍니다.

차례

# 1장

# "나는 나를 환대해야 한다"

### 나와의 관계

## 모든 관계는 '나'와의 관계에서 출발한다
### '지연된 성인기'를 살고 있는 당신에게 권하는 '어른식'

'이런 멍청아!'

스스로에게 이렇게 말해본 적 있나요? 바보 같고 한심한 결과를 냈을 때 혼자 차에서 냅다 소리를 질렀을지 모릅니다. 그래도 분이 안 풀려서 자기 뺨을 찰싹 때리진 않았나요? 자신이 할 수 있는 가장 섬뜩한 욕을 중얼거린 적도 있을 겁니다. 한심한 나에게 내리는 일종의 처벌이죠. 타인에게는 그렇게 관대하고 잘하는 사람도 정작 자신에게는 꽤나 혹독한 경우가 많습니다.

이젠 가만히만 있어도 팔다리가 쑤셔오는 나이에 왜 스스로 자기 머리를 쥐어박을까요? 자기처벌과 성찰의 차이는 도대체 무엇일까요? 어쩌면 어린 시절의 훈육과 체벌 탓일까요? 부모가 내리쳤던 회초리와 뾰족한 말들을 통해, 선생님의 30센티미터 자에

손바닥을 맞으면서 자신을 어떻게 대해야 하는지 배워서일까요?

원인이 무엇이건 어린 시절은 한참 전에 지났고, 우리는 그사이에 교육도 받고 취업도 해 어른이 되었고 누군가의 선배, 선생, 배우자, 부모가 되었습니다. 그러면서 부모의 영향력에서 서서히 멀어지게 되었죠. 실제로 올해 40세가 된 여성과 남성에게 30세 이후 어떤 결정을 내려야 하는 상황에서 부모의 영향력과 나의 주도성을 퍼센티지로 나누어 적도록 했더니, 부모의 영향력은 평균 31.6퍼센트, 나의 주도성이 68.4퍼센트로 나타났습니다.[1]

한편 애착이론의 창시자인 심리학자 존 볼비는 초기 양육자와의 관계가 이후의 모든 관계에 영향을 미친다고 주장했지요.[2] 어린 시절 주양육자와 초기에 어떤 관계를 맺었는가가 이후의 전반적인 관계에 영향을 미친다는 거예요. 충분한 사랑을 받았다면 안정 애착이 생겨 성인기에도 신뢰를 기반으로 한 성숙한 관계를 유지하죠. 그러나 사랑을 받아야 할 때 거부당하거나 무시당한 경험이 많은 사람들은 '불안정-회피 애착', '불안정-불안 애착', '혼란 애착'을 형성하게 됩니다. 불안정-불안 애착은 감정 표현을 억누르고 관계에 거리를 두는 경향을, 불안정-불안 애착은 사랑받고 싶은 욕구가 크지만 동시에 버림받을까 봐 두려워하며 과도하게 의존하거나 관계에 불안을 자주 느끼는 경향을 남기며, 혼란 애착은 인간관계에서 자신감과 불안이 뒤섞인 복잡한 감정을 경험하게 만듭니다. 볼비 박사의 말처럼 성장 후에도 부모의 영향력이 여전히 남아 있습니다. 그러나 그건 30퍼센트일 뿐입니다. 나머지 약 70퍼센트는 성인으로서 자신의 결정과 선택으로 살아가는 거예요. 스스로가 얼마나 희망적이고 대단한지 보세요. 지금도 이미 자기 삶을 넘어 가족의 삶까지 책임지며 살아가고 있잖아요.

그런데 여전히 부모의 목소리로 살아가고 있지는 않나요? 혹시 나를 움직이는 것이 아직도 부모, 타인의 목소리라면 여러분은 아직 어른이 아닌 겁니다. 여전히 부모와 타인의 훈육 아래에서 사는 것이지요. 심리학자 제프리 아넷은 이러한 상태를 지연된 성인기라고 정의했습니다. 여전히 자신을 믿지 못해 불안해하고, 늘 중간에 끼어 있는 기분이 들고, 자기중심성에 빠져 살거나 내가 누군지를 흰머리 나도록 여전히 찾고 있다면 '지연된 성인'이라는 것이죠.[3] 아직도 '멍청이' 소리가 귓가를 맴돈다면, 그건 내 마음의 소리가 아닐 겁니다. 다른 누군가의 목소리인 거지요.

## 타인에게서 자신으로, 삶의 방향을 바꾸세요

어른은 자기주도적인 사람입니다. 누구의 소리를 따라가는 일은 청년기에서 멈추어야 하죠. 이제 다른 사람의 소리는 나의 주도적 결정에 작은 조언이 될 뿐입니다. 나아가 대단하지 않더라도 오랜 자기 경험을 수용하는 사람입니다. 자신의 실패 경험과 성공 경험 모두에 고개를 끄덕일 줄 알고 다른 사람에게 기꺼이 자기 열정으로 배울 준비가 되어 있습니다. 못난이 자기도 잘난 부분이 있는 자기도 모두 자신의 일부라는 걸 받아들였지요. 이렇게 주도적으로 나이 들어왔고 여러 교육도 받고 경험치도 쌓았다면, 자신을 대할 줄 아는 능력도 제법 갖췄다고 느낄 겁니다. 그러나 나와 관계를 맺는 것은 또 다른 문제입니다.

삶의 시기에 따라 주파수를 달리해야 합니다. 부모의 삶을 배우는 시기가 있고, 사랑에 빠져 다른 사람과 인생을 공유하기로 약속하는 때가 있지요. 또 아이들에게 헌신하는 시기도 있습니다. 많은 분이 자식으로서 위쪽 부모를 바라보는 수직적 관계에서 부부로 살아가는 수평적 관계, 그리고 다시 부모가 되는 역수직의 관계를 살아갑니다. 누군가를 위해서 횃불을 들었던 시기였지요. 지금까지 잘해왔고 애썼습니다. 이제 자신을 밝힐 횃불을 들 시간입니다. '지금 이 정도면 괜찮아'라고 생각하시더라도 그 만족 속에 나의 정체성은 있는지 물어보세요. 타인을 위한 목표 말고 나를 위한 목표가 포함되었는지 확인하셔야 합니다. 평생 헌신적 들러리로 살아오지는 않았는지 돌아보시는 거예요.

　이전의 자신이 허무하고 무기력했다고 느낀다면, 그건 자신을 찾으라는 신호입니다. 어른으로서 허무를 넘어 내 삶의 주인이 되고 의미를 발견하라는 것이지요. 몸뚱이가 이전 같지 않고, 퇴직은 코앞이고, 애들은 떠나가고, 친구는 간데없고, 문제는 산적하고, 풀이는 점점 힘들어지고, 모든 걸 놔버리고 싶은 순간이 더 잦아지더라도, 어른은 늘 자신을 새롭게 해야 합니다. 이런 시기를 맞았거나 임박했다면 바로 생애 리셋Life Re-Set이 필요해요. 그럼 무엇을 어떻게 리셋해야 할까요?

　나만의 '어른식'을 거행할 때가 되었습니다. 내가 주최하는 파티를 시작하는 것입니다. 파티는 일상과 다른 시공간이지요. 인생을 재해석하고 인생의 천동설을 시작하며 내 주변의 수많은 인생의 별들을 나를 중심으로 재배치하는 겁니다. 지금까지 세상과 사회와 가족과 자식을 위한 삶의 배치로 여기까지 왔다면 중년은 나를 위한 판을 구성하는 시기입니다. 이 시기 우리가 스스로 삶을 재배치하지 않는다면, 단언컨대 원치 않는 방식으로 내 삶이 재배치될 겁니다. 평생 남의 밥상과 생일상을 차려준 여러분, 이제 나의 잔치에 내가 응답해야 합니다.


## 두 팔을 벌려 자신을 환대하세요

이런 재배치는 이기적으로 살라는 것이 아닙니다. 자아 인식부터 새로 시작하라는 겁니다. 자아 인식은 모든 관계의 출발점이죠. 심리학자 칼 로저스는 자아 개념self-concept이 나의 경험과 타인과의 상호작용을 통해 형성된다고 했습니다. 내가 나를 어떻게 인식하고 이해하는지 먼저 살펴보아야 비로소 세상인 타인과의 관계 형성도 제대로 이루어집니다. 그런 차원에서 나이 들어 하는 자기처벌은 더없는 비극입니다. 어른은 타인에게 배운 자기처벌을 하지 않습니다. 어른은 건강한 나와 타협하고 설득하며 관계를 맺습니다. 타인이 내 인생에 빚어낸 비극의 서사를 성숙한 자기 이야기로 다시 쓸 때 우리는 그를 '어른'이라고 부르지요. 진짜 어른이 된다는 것은 내 방식대로 세상을 리셋하는 첫 '내면 성인식'을 치르는 일입니다. 저는 그 행위를 '어른식'이라고 부릅니다.

성인식은 본래 지역이나 마을 단위로 스무 살을 맞은 청년들을 모아 어르신들이 단체로 축하하고 기념해주는 성년례였지요. 요즘은 서양식 성년식에 밀려 장미, 향수 등으로 대체되었지만, 열정적으로 살고 스스로 향을 내는 사람이 되고 책임감 있는 사랑을 하라는 뜻일 겁니다. 그러나 그때는 어른이 뭔지 모르는 때였습니다. 삶은 방만하고 방향은 모호하며 미래는 늘 두려웠지요. 성인식이 어른식은 아닙니다. 성인식은 어른이 해주는 사회적 성장을 위한 행사라면, 어른식은 내가 나를 위해 해주는 성숙하고 거룩한 의례ritual입니다.

어른이 된다는 것은 단순히 나이를 먹는 것이 아니라, 자신과 타인에 대한 이해를 깊이 있게 발전시키는 과정이지요. 그러기 위해서 어른은 자신과의 관계에서 출발해 관계를 새롭게 정립해나가야 합니다. 그런 차원에서 저는 헨리 나우웬을 좋아합니다. 그분의 글은 마음에 순살이 돋아나게 하는데, 그 어른의 순살을 빚어내는 핵심 단어가 바로 환대hospitality 개념입니다. 헨리 나우웬의 말을 빌리자면, '내가 나를 환대해야 비로소 타인도 환대할 수 있습니다.'[4] 환대는 자기 친절, 성숙한 인격, 마음챙김을 담고 있는 자기 자비나 스스로를 안아주고 품어주는 자기연민을 포함하는 개념입니다. 자신을 비난하거나 고립시키는 대신 자신에게 친절하고 수용적으로 대하는 것을 넘어서고요. 자신을 용서해본 사람이 타인도 용서하고, 자신을 환대하고 가꾸는 사람이 다른 사람도 환대하지요. 모든 관계는 나와의 관계로부터 시작합니다. 외로운 나에서 기뻐하는 나로, 자기처벌에서 자기돌봄으로, 세상을 두려워하는 나에서 가족과 친구를 맞이하는 나로, 어설픈 나에서 창조하는 나로 살아가는 힘은 자신을 환대하는 것에서 비롯됩니다.

나는 나를 얼마나 환영합니까. 나는 나를 얼마나 기뻐하나요. 나는 안아줄 만한 사람이라고 생각하나요? 기억하세요. 당신이 원치 않는 방식으로 인생의 절반 이상을 살았다 하더라도 나머지 절반은 완전히 달라질 수 있습니다. 우선은 나를 환대하세요. 자신을 향해 두 팔을 벌려 나를 받아주세요.

## '나'를 환대하기 위해 알아야 할 네 가지
**자존심, 자신감, 자존감, 자기애**

　나를 리셋하기 위해 도대체 뭐부터 시작해야 할까요? 이 질문을 듣자마자 막막한 광야에 혼자 우두커니 서 있는 기분이 드실 겁니다. 북두칠성을 보며 방향을 잡아가기에는 요즘은 아예 별이 안 보이는 시기죠. 그나마 반짝이는 인공위성은 위치가 바뀐다니 도무지 길을 찾을 수 없는 세상이 되었고, 길을 찾아나서기에는 다리마저 아플 나이입니다. 해가 저무는 나이라면 더 그렇습니다. 옛날 같으면 인생의 선셋sun-set에 우리는 리셋re-set을 하니 말입니다.

　막막함에서 벗어나 나를 환대하려면 먼저 자존감, 자존심, 자신감, 자기애, 딱 네 가지를 제대로 알아야 합니다. 먼저 자존감이란 자신을 소중한 '분'으로 생각하는 시선이나 태도를 말합니다.

자존감은 어떤 일을 마주해도 '내가 이 일을 해낼 수 있겠구나'와 같은 마음가짐, 이를 실행할 수 있는 능력과 그에 따른 성취를 만들어내는데, 이를 전반적 자존감global specific self-esteem이라고 부릅니다. 자신이 살아온 삶 전반에 대한 평가, 그리고 자신을 아끼고 존중하는 정도를 나타내는 것으로, 일정 부분 타고나는 것이기도 해서 시간과 상황을 불문하고 안정적인 특징이 있지요. 한편 영역특수 자존감domain-specific self-esteem이라는 것도 있지요. 자신의 능력이나 특성이 드러나는 삶의 영역에 따라 달리 나타나는 자존감입니다. 예를 들어 체육을 잘하는 사람은 수학 시간에는 영기를 못 펴도 운동회 때는 자존감이 국가대표급이지요. 자신이 잘하는 영역에서 올라가는 것이 영역특수 자존감입니다. 그러다 어려운 상황이 벌어지면 상태 자존감state self-esteem이 껴듭니다. 일상에서 비난이나 모욕을 느끼면 낮아지고 칭찬을 받으면 올라가는 자존감입니다. 상황에 따른 자존감이기 때문에 어떤 일을 잘해내면 어깨가 하늘까지 올라가죠. 반면 욕을 먹을 땐 콘크리트 바닥을 뚫고 지하 8층까지 내려가 존재가 꼬꾸라지는 기분이 들고요. 타인이나 자신의 말이 나를 평가하는 감독관이 되어 스스로 대단한 인간이라고 자부하거나 인간 쓰레기라고 자조하게 되는 겁니다.

성인으로 살면서 '나'라는 사람을 묵사발로 만드는 순간들을 수도 없이 겪어보셨지요. 그런 순간에는 한심한 '나'를 대번에 알아치리고 사랑해주거나 두 팔 벌려 환대하는 것은 꿈도 꿀 수 없죠. 묵사발이라는 말이 인생에 등장할 때는 환대는 고사하고 자존감에 더해 자존심까지 모조리 무너진 겁니다. 여기서 자존심은 우리나라에서 오랫동안 사용된 개념으로, 나의 가치나 품위를 지키려는 마음입니다. 이 단어가 부정적인 의미로 많이 사용되지만 본질적으로 나쁜 건 아닙니다. 남에게 굽히지 않고 스스로를 지키고 싶은 마음이니까요. 다만 자존감은 그 주체가 '나'라면 자존심은 그 주체가 '남'이라는 차이가 있지요. 자존심의 시선은 나의 밖을 향하는 반면, 자존감의 시선은 늘 내 안을 향합니다. 자존심이 강한 사람들은 의외로 타인의 시선이나 평가에 휘둘리기 쉽죠.

대신 자신감이라는 말도 있지요. 이건 자신의 능력이나 판단을 믿고 신뢰하는 마음인데, 특정 상황이나 분야에 대해 자신에게 갖는 확신이기 때문에 상황에 따라 이랬다저랬다 합니다. 경험이 많을수록, 특히 성공 경험이 많을수록 자신감은 올라갑니다.

## 당신은 당신을 얼마나 존중하나요?: 자존감 자가 진단

어른으로서 자기 자신을 환대하는 능력은 자존감, 그중에서도 전반적 자존감과 연결되어 있습니다. 바로 자신에 대한 전반적인 가치평가죠. 심리학자 모리스 로젠버그는 일명 '로젠버그 자존감 척도'라는 걸 개발했습니다. 나의 전반적 자존감을 알아보는 유용한 검사이니, 한번 해보시길 권합니다.

| 번호 | 질문 | 매우<br>그렇다 | 그렇다 | 아니다 | 전혀<br>아니다 |
|---|---|---|---|---|---|
| 1 | 나는 전반적으로 자신에게 만족한다. | (　)<br>(4점) | (　)<br>(3점) | (　)<br>(2점) | (　)<br>(1점) |
| 2 | 때때로 나는 완전히 훌륭하지 않다는 생각이 든다. | (　)<br>(1점) | (　)<br>(2점) | (　)<br>(3점) | (　)<br>(4점) |
| 3 | 나는 여러 장점이 있다고 생각한다. | (　)<br>(4점) | (　)<br>(3점) | (　)<br>(2점) | (　)<br>(1점) |
| 4 | 나는 대부분의 다른 사람만큼 일을 할 수 있다. | (　)<br>(4점) | (　)<br>(3점) | (　)<br>(2점) | (　)<br>(1점) |
| 5 | 나는 자랑할 것이 많지 않다. | (　)<br>(1점) | (　)<br>(2점) | (　)<br>(3점) | (　)<br>(4점) |
| 6 | 나는 때때로 내가 쓸모없다고 느낀다. | (　)<br>(1점) | (　)<br>(2점) | (　)<br>(3점) | (　)<br>(4점) |
| 7 | 나는 다른 사람과 동등한 가치가 있는 사람이라고 생각한다. | (　)<br>(4점) | (　)<br>(3점) | (　)<br>(2점) | (　)<br>(1점) |
| 8 | 나는 내가 더 존중받길 원한다. | (　)<br>(1점) | (　)<br>(2점) | (　)<br>(3점) | (　)<br>(4점) |

| 9 | 나는 내가 결국 실패했다고 느낀다. | ( )<br>(1점) | ( )<br>(2점) | ( )<br>(3점) | ( )<br>(4점) |
|---|---|---|---|---|---|
| 10 | 나는 스스로에 대해 긍정적인 태도를 갖는다. | ( )<br>(4점) | ( )<br>(3점) | ( )<br>(2점) | ( )<br>(1점) |
| | | | | 총점 : _____점 | |

　2, 5, 6, 8, 9번 항목은 채점 방식이 좀 다르죠? 일명 부정 항목이에요. 즉, 동의할수록 점수가 낮으니 채점할 때 헷갈리지 않도록 주의하세요. 채점 결과를 아래의 기준으로 확인해보세요.


- 10~19점: 자존감 낮은 편에 속함
- 20~29점: 보통 수준의 자존감
- 30점 이상: 건강하고 바람직한 자존감


　이 검사의 정확성이 문화마다 다릅니다만, 우리나라에는 제법 잘 맞습니다. 그런데 이런 검사를 하면 '어, 점수가 너무 높은데, 혹시 나 나르시시스트 아닌가?' 이런 생각을 하는 분들이 계시죠? '나르시시스트'란 '자기애성 인격장애'이고, 자기애란 자신에 대한 사랑이나 관심을 말하죠. 과도하지만 않으면 자기애는 어른의 필수템이자 인생의 필요조건이니 너무 염려 마셔요. 누가 봐도 눈에

띌 정도로 이기적으로 생각하고 행동해야 '자기애성 인격장애'예요. '이기적인 것'과 '이기주의자'는 다릅니다. 이기적인 것은 주어진 상황에서 자신을 보호하려는 인간의 기본 기제이므로, 이기적이라고 하여 도덕적 판단을 거부하는 것은 아닙니다. 그러나 이기주의자는 도덕적 판단을 고려하는 대신 타인을 기꺼이 희생시키는 행동을 반복합니다. 그러니 이 책을 읽는 분들이라면 이기적일 수 있으나, 이기주의자는 아니니 염려하지 않으셔도 됩니다.

다만 점수가 14점 이하라면, 자신을 사랑하기 어려운 상태일 수 있습니다. 자신은 딱히 자랑거리도, 별다른 쓸모도, 존중받을 자격도 없고, 자신을 실패자라고 생각할지도 몰라요. 그런데 이 검사에는 특징이 있지요. 10점 이하는 없다는 겁니다. 인간은 살아 있다면 10점은 넘는 거예요. 그러니 완벽한 실패자는 없지요. 당연히 완벽한 성공가도 없고요. 오히려 스스로 완벽한 성공가라고 생각하는 사람은 심각한 나르시시스트일 수도 있습니다.

자존심, 자신감, 자존감, 자기애, 이 '사자四自'가 나를 보호하고 어른다움을 말해주는 전령인 '사자使者'가 될지, 아니면 나를 잡아먹을 짐승 '사자lion'가 될지는 여러분에게 달려 있습니다. 스스로를 사랑할 능력, 자신을 환대할 능력은 누구나 갖고 있어요. 어떻게 나를 위한 사랑과 돌봄의 점수를 높이느냐가 우리의 숙제겠지요.

## 매일 간단하게 자존감을 올리는 습관들

자, 그럼 이 숙제 어떻게 해결해야 할까요. 자기 사랑과 자기 돌봄의 점수를 높이려면 먼저 매일 사과를 1개씩 드세요. 스스로를 귀하게 여기는 방법은 자신에게 좋은 것을 제공하는 겁니다. 잠자는 것, 자신에게 선물하는 것 모두 좋지만, 저는 자신을 돌보는 행위 중 가장 상징적인 한 가지를 선택해 반복하시길 권합니다. 사과한 개를 나를 돌보는 황금 사과로 여기고, 누구도 빼앗아 갈 수 없는 자기돌봄의 작은 실천이라 생각하며 매일 드시는 겁니다. 사과는 제철이건 아니건 마트에 늘 있지요. 누가 뭐라든 나를 위한 최소한의 사치이자 일관된 행동으로 사과를 드세요. 저는 마트에 가면 사과부터 사고 나머지를 삽니다. 나를 돌보는 사과니까요.

다음으로 절대 시간 30분을 찾으세요. 남의 눈치를 보거나 남을 돌보는 데만 열을 올리는 인정욕구쟁이들은 자신만의 즐거움을 망각한 채 살아갑니다. 몇 분도 자신에게 집중하지 못하지요. 하루 30분은 꼭 나를 위한 시간으로 사용하세요. 단 휴대폰을 보는 것은 안 됩니다. 대신 가볍게 산책하거나 카푸치노 한 잔을 놓고 느긋하게 창밖을 바라보는 등 혼자만의 여유로운 시간을 꼭 가지시기 바랍니다. 나를 사랑하는 시간을 선물하는 겁니다.

효능감을 높이는 것도 중요합니다. 나만의 **목표**를 꼭 정하세요. 장기적인 목표도 좋지만, 중기, 단기 목표가 특히 중요합니다. 저는 3~7일 만에 이룰 수 있는 목표를 가장 추천합니다. 작심삼일 인생이니 3일 만에 실천할 수 있는 단기 목표들로 인생 레고를 쌓아보세요. 어느 순간 여러분은 성을 지었을 겁니다. 단기 기쁨이 장기적 성취를 만들어갈 겁니다.

마지막으로 공부하세요. 대단한 공부가 아니고, 일주일에 딱 하루 2시간만 내보세요. 누구도 침범하지 못하는 시간을 정해 학원 가듯 서점이나 도서관에 가시는 겁니다. 거기서 아무 책이나 집어서 10쪽만이라도 읽으세요. 그 속에서 단어 하나 혹은 문장 하나라도 외워 오세요. 그 단어와 문장을 외우며 한 주를 보내시기 바랍니다. 다음 주 같은 시간에도 또 한 권의 책을 들고 단어와 문장을 외워보세요. 완독이나 숙독을 하지 않더라도 여러분은 놀라운 자존감 상승을 경험하실 겁니다. 저는 토요일 오전이면 늘 광화문에 있는 서점에 갑니다. 그리고 그 속에서 제 자존감을 채집해옵니다. 진심으로 권합니다. 우리는 거장의 심장을 갖게 될 겁니다.

# 내 감정에 잡아먹히지 않는 네 가지 방법

인생에 멱살 잡혀본 적 있으신가요? 운명에 미친 듯이 끌려가는 것 같은 때가 있죠. 어떤 일도 내 맘대로 되지 않아 분노 조절도 못하고 큰 소리를 내고 마는 순간들이요. 너무 낙담하거나, 지나치게 눈치보거나, 좌절감에 고개도 못 들고 수치심으로 온몸에 설움의 소름이 돋는 날도 있었을 겁니다. 아무도 뭐라고 하지 않음에도 불구하고 혼자 이불킥하며 되돌릴 수 없는 순간들을 밤새 복기해보지만 기차는 떠났고 남은 것은 후회뿐이지요.

그때 후회할 일이 일어났던 이유는 딱 한 가지였습니다. '감정'을 조절하지 못해서였지요. 화만 눌렀어도 그렇게 소리 지르진 않았을 텐데, 수치심만 이겨냈다면 그렇게 멍청하게 당하지 않았을 텐데, 그때 왜 하필 얼굴이 빨개지고 말도 버벅거렸을까요. '이 나이 먹고 아직도 그러고 있냐!'라는 마음의 소리가 영혼의 고막을 울립니다. 이런 수치스럽고 화나는 일들은 잊히지 않는 기억이 되어 내 안에 쌓이지요.

공자님께서 말씀하셨지요. 40세면 불혹不惑, 즉 주변에 미혹되지 않고 자신의 감정을 절제할 수 있다고요. 그러나 마흔을 넘어 본 분들 아실 겁니다. 여전히 감정은 미친듯이 흔들리지요. 어디 그뿐입니까. 오십이면 지천명知天命, 즉 하늘의 뜻을 알게 되는 나이라지요. 그러나 제가 오십이 넘으며 그 말씀이 뭔지 정확히 알았습니다. 문제가 '지천'이라 지천명이더군요. 그리고 육십이면 이순耳順이라 귀가 순해져 어떤 말이든 편하게 받아들일 수 있게 된다는데, 주변 말씀을 들어보니 욕만 들린다더군요.

아, 이게 무슨 일인가요. 감정이란 나이를 먹어도 도무지 해결할 수 없는 허리케인 같은 걸까요. 나이 들어서도 내 감정에 잡아먹혀 관계를 잃어버리고 스스로에게 엄벌을 내리는 일을 막고, 대신 매사에 어른으로서 성숙하게 대처하려면 무엇이 필요할까요? 내 감정에 잡아 먹히지 않는 네 가지 방법을 말씀드립니다.

## 감정을 이해하고 내 것으로 만들어라

첫 번째 방법은 감정에 **이름표를 붙이는** 것입니다. 대개 우리 감정은 뒤죽박죽입니다. 이게 분노인지, 수치심인지, 걱정인지, 불안인지, 기쁨인지, 외로움인지, 무기력인지, 실망인지, 괴로움인지 도통 알 수가 없습니다. 떠오르는 감정들이 여러 가지인 경우는 더욱 헷갈리지요. 미국 애니메이션 영화 〈인사이드 아웃〉을 보면 아주 기특한 발상이 보입니다. 감정을 캐릭터로 만들어 이름을 붙인 거지요. 기쁨이, 슬픔이, 버럭이, 불안이, 소심이, 당황이, 따분이 등등. 자신의 감정을 알고 이를 구체적으로 표현해야 나를 돌볼 수 있고 자신의 반응도 통제할 수 있습니다. 감정은 제대로 표현되어야 내 안에 고이지 않고 물처럼 흘러가는데, 이를 위해 가장 좋은 방법이 감정에 이름을 붙여 분명하게 인식하는 겁니다. '아, 내가 지금 화가 났구나', '난 지금 너무 부끄러워' 이렇게요.

내 감정과 상황에 이름표를 붙이기 쉬운 방법이 있어요. 감정 표현을 돕는 질문들에 답해보는 것입니다. 여러분이 최근에 겪었던 상황을 떠올리며 다음 질문에 답을 달아보세요.

〈감정 표현을 돕는 질문〉

① 이 감정에 이름을 붙인다면 무엇인가?

② 어떨 때 나는 이 감정이 드는가?

③ 이런 감정이 들면 이후에 어떤 일이 일어나는가?

④ 그 감정에 반응하고 나면 어떤 생각이나 느낌이 드는가?

⑤ 지금 나는 어떤 도움이 필요한가?


그런데 이런 질문에 답하면서 감정에 이름을 붙이려고 해도 아는 감정 단어가 부족해서 이름 붙이기가 어려운 경우가 많습니다. 실제로 자신이 느끼는 감정을 3개 이상으로 구분하여 표현할 수 있는 사람들은 매우 적어요. 먼저 감정 단어를 정리한 다음의 표를 참고하시면 좋습니다. 감정에 이름 붙이기가 훨씬 쉬워지고 위의 〈감정 표현을 돕는 질문〉에 다른 답들이 떠오를겁니다. 내 마음에 맞는 감정을 골라보세요!

두 번째 방법은 '위로 장소'를 만드는 것입니다. 저는 힘들고 고통스러울 때면 집에서 걸어서 15분 정도 떨어진 카페에 갑니다. 거기서 반드시 와플을 먹지요. 속상해-카페-해소, 속상해-카페-해소, 속상해-카페-해소… 이렇게 반복하다 보면 나중에는 속상할 때 그 카페만 떠올려도 안심이 되고 위로를 받는답니다. 이렇게

| 감정 단어 | | | | |
|---|---|---|---|---|
| 걱정스럽다 | 막막하다 | 상쾌하다 | 설레다 | 후련하다 |
| 곤란하다 | 못마땅하다 | 사랑스럽다 | 시원하다 | 홀가분하다 |
| 괘씸하다 | 무섭다 | 부끄럽다 | 신나다 | 행복하다 |
| 괴롭다 | 무안하다 | 불쌍하다 | 안심하다 | 통쾌하다 |
| 귀찮다 | 분하다 | 민망하다 | 어이없다 | 후회스럽다 |
| 난처하다 | 불만스럽다 | 뿌듯하다 | 억울하다 | 측은하다 |
| 답답하다 | 불안하다 | 얄밉다 | 어색하다 | 힘들다 |
| 두렵다 | 불쾌하다 | 약오르다 | 외롭다 | 혼란스럽다 |
| 가엾다 | 불편하다 | 슬프다 | 우울하다 | 허무하다 |
| 궁금하다 | 당황스럽다 | 실망스럽다 | 원망스럽다 | 창피하다 |
| 긴장하다 | 떨리다 | 속상하다 | 원통하다 | 짜증스럽다 |
| 감격스럽다 | 미안하다 | 섭섭하다 | 조급하다 | 지루하다 |
| 감사하다 | 만족스럽다 | 서운하다 | 다행스럽다 | 즐겁다 |
| 기쁘다 | 반갑다 | 서럽다 | 성나다 | 자랑스럽다 |
| 놀랍다 | 벅차다 | 부럽다 | 안타깝다 | 애처롭다 |
| ... | | | | |

마음근육을 강화하고 좋은 몸의 습관에 혼란스러운 감정을 가두어보는 겁니다. 이건 뇌의 원리를 아주 간단히 활용한 방법입니다. 뇌는 본래 성공보다 실패를 훨씬 잘 기억하는데, 우리의 힘들고 싫은 기억(속상한 일)과 긍정적인 감정(좋아하는 카페의 와플)을 결합하

는 훈련을 하는 겁니다. 이런 '위로 장소'는 심리적 소도가 되어 누구도 간섭하지 못하는 작은 도피처, 나만의 천국을 구현합니다. 단, 가족들에게는 절대 알리지 마세요. 바로 쫓아옵니다!

세 번째 방법은 긍정적 확신을 소리내어 말하는 것입니다. 영어로는 어퍼메이션affirmation(확신, 확언)을 어포메이션 afformation(말로 표현)한다고 하는데요. 즉 마음속 확신을 내 귀로 생생하게 듣게 하여 강화하는 것입니다. 마음속 확신은 소리를 내어 말할 때 더 단단해집니다. 가톨릭에서 고해성사를 하거나 기독교와 불교에서 큰 소리로 통성기도를 하고 나면 강렬한 행복감을 느끼는데, 소리를 내어 말하는 과정이 위험의 고비를 넘긴 것과 같은 효과를 주고 마음에 힘과 확신을 불어넣기 때문입니다. '오늘도 난 잘할 수 있어', '조금만 더 힘내! 고지가 눈앞이야', '그럼, 조금씩 하면 결국 되는 거야!' 이렇게 아침마다 거울을 보면서 소리내어 외쳐보세요. 어퍼메이션과 어포메이션은 심리학이 말하는 '자기 충족적 예언'을 자신에게 들려주는 겁니다.

이 긍정적 자기암시법에는 몇 가지 중요한 팁이 있습니다. 먼저 1인칭으로 시작해야 합니다. '나' 혹은 '나는'으로 시작하는 거죠. 예를 들어 '나는 끝까지 해낸다', '나는 잘할 수 있다' 이렇게요. 그리고 미래가 아닌 현재형을 써야 합니다. '나는 해낼 것이다'가 아니라 '나는 해낸다'라고 하는 것이지요. 그리고 생각만 하면 소용이 없습니다. 말로 소리내어 발화하고 내 귓구멍으로 그 소리가 직접 들어와야 해요. 편리한 방법을 알려드리자면, 외워서 말하기보다 글자로 써놓고 읽으세요. '첫째, 나는 목소리가 좋다', '둘째, 나는 행복하고 내일은 더 좋아진다', '셋째, 나는 내가 하는 일이 좋다', '넷째, 난 나만의 능력이 있다'라고 하나하나 쓰고 읽는 겁니다. 삶을 운에 기대지 마세요. 때론 노력으로도 운을 이길 순 없겠지요. 그래도 운을 선택할 수는 없으니 노력을 선택해보자는 겁니다. 나의 순수한 노력이 나를 더 좋은 사람으로 만들 겁니다. 이건 운이 줄 수 없죠.

마지막 방법은 자기연민, 나를 더 친절하게 대하는 것입니다. 지나간 실수나 실패 경험을 떠올려보세요. 지난 일임에도 상상만으로도 미칠 것 같습니다. 지금도 얼굴이 빨개지고, 멍청했던 나를 다시 몰아세우게 되지요. 이럴 때 내게 친절해지는 방법은 일단 자신의 실수나 실패를 있는 그대로 인정하는 겁니다. 나무라기보다 '그래, 네가 그땐 멍청했고, 실수한 게 맞아!'라고요. 자신에 대한 가혹한 말은 자동 반사로 튀어나옵니다. 훅 올라와서 퍽 하고 나를 칩니다. 스스로에게 엄격한 사람일수록 그 강도가 세죠. 그러면서 '아, 이건 성찰이야'라고 생각하고, 때로는 자기처벌이 성찰하는 나에 대한 자부심의 상징이 될 때도 있어요.*

　　그러나 이 나이 먹었으면 그만 꾸짖읍시다. 스스로를 몰아세우는 일은 작작 하세요. 대신 자기연민을 시작할 때입니다. 자신의 실수를 어느 정도 관대하게 용서하는 겁니다. 좀 봐주는 거예요. 실망과 질책은 한 번이면 충분합니다. 이미 혼난 친구를 계속 손가락질하면 되겠습니까. 대신 용서하고 지지해주는 친구가 되어주세요. 중복처벌, 가중처벌, 반복처벌은 멈추고 이렇게 말해주세요. '그래, 너 그때 잘못했어. 그래서 그때 욕먹고 처벌도 달게 받았어. 그럼 충분해. 지금의 너는 잘못한 네가 아니야. 처벌받고 용서받은 너야. 그러니 새롭게 마음먹고 살아가는 너를 안아주자.' 어른이라면 자신을 좀 안아줍시다.

---

* 자기연민과 마음챙김에 대해서는 이 책을 추천해요. 나름 밑줄 그으며 읽은 책이랍니다. 샤우나 샤피로, 《마음챙김》, 박미경 옮김, 안드로메디안, 2021.

# 부끄러운 과거와 화해할 때 찾아오는 성숙
## 중년의 세 가지 깨달음

중년中年이 왜 '중년'인가 하면, 사실 '무거울 중重'에 '해 년年'자를 써서 무거운 시기라 '중년重年'이 분명합니다. 몸도 무거워지고 세월의 무게로 마음도 무거워지며, 미래에 대한 걱정으로 고개마저 무거워집니다. 중년의 '3무無'는 체력 없음, 돈 없음, 사람 없음이라던데, 몸, 세월, 미래가 무겁다는 말인 듯도 합니다.

하지만 없어지고 무겁기만 한 게 중년은 아닐 겁니다. 중년에는 인생의 '선-셋sun-set'을 잘 준비해야 한다고들 하지만, 제 생각엔 오히려 중년에는 '선善-셋'이 있습니다. 세 가지의 선으로 우리의 삶이 한번에 떠오를 수 있다는 뜻이지요.

먼저 제가 살면서 배운 또렷한 진실, 삶에서 연속적인 절망은 없다는 걸 알게 되니 좋습니다. 주식 좀 잃어보셨나요? 아님 코인으로 좀 따보셨나요? 하다못해 10원짜리 민화투를 칠 때도(아, 너무 오랜 얘긴가요!) 잃고 땁니다. 인생에서는 얼마나 잃고 얼마나 따셨나요? 뭔가를 잃을 때마다 언제까지 '이 포도는 실 거야'라며 포도 탓을 하겠습니까. 그러기에는 꽤 오래 살았지요. 벌써 흰머리에 주름도 보이고, 산전수전 공중전을 두루 겪으며 삶의 켜를 뱃살에 모아놓았지요. 삶에는 언제나 성취만 있는 것도, 늘 불행만 있는 것도 아님을 깨달았습니다. 경험 끝에 삶을 바라보는 긍정의 절댓값을 높이는 시기가 바로 이 시기입니다. 이 긍정적 정서의 절댓값은 삶을 멋지게 이끌어갑니다.

이런 긍정적 생애 통찰을 심리학에서는 '통합성'이라고 합니다. 이런 통합성은 본래 노년기에 해야 할 인생 숙제지만,* 지금처럼 복잡한 사회를 살아가며 관계에 시달렸던 사람들에게는 좀 더 이른 나이에 성취(당?)하게 되는 인생 과업이지요. 통합성이란 지난 실수와 잘못도 알지만 동시에 자신이 최선을 다했음을 알아주는 자기성찰 능력입니다. 나이를 먹는다고 생기는 게 아니라, 경험으로 이루는 것이고요. 어디 나이 든다고 지혜로워집니까? 나이를

---

\* 노년기에 해야 할 인생의 숙제, 노년기의 전망과 성장에 관해서는 이 책을 살펴보세요. 도널드 캡스, 《100세 시대를 준비하는 열 번의 성장》, 오은규 외 옮김, 학지사, 2021.

먹어도 지혜와 거리가 먼 사람들도 있지요. 사람은 나이로 살지 않고, 역할과 선택으로 삽니다! 여러분이 일군 긍정의 통합이 여러분의 행복과 수명까지 늘려줄 겁니다.

두 번째, 인생 쉼터를 갖게 된다는 점이 좋지요. 어른의 시기를 살아가며 누구나 생존을 위해 자기돌봄의 기술을 한두 가지씩 갖게 됩니다. 꼼수에서 터득한 것이건 지혜에서 기인한 것이건, 어디서 들어서 알게 된 것이건 인간은 돌봄의 순간을 경험하면서 타인 돌봄과 자기돌봄의 기술을 익힙니다. 여러분은 힘들 때 어떻게 하나요? 지금부터 '나는 피곤하고 힘들 때 이렇게 한다'에 스스로 답을 해보세요. 마흔 넘은 분들은 다들 한두 가지 자기만의 방법이 있을 겁니다. 친구를 만나 술을 마시며 부장님을 안주 삼을 수도 있고 온 동네를 전력질주할지도 모르겠습니다. 교회 골방에서 통성기도를 하거나 노래방에 가서 목이 쉬도록 노래를 부를 수도 있을 겁니다. 이 위로 행동은 엄연한 자기돌봄 기술이자, 자기보호 시스템입니다. 성난 나, 불쌍한 나를 봐줄 줄 안다는 것은 자기 객관화와 자기연민이라는 두 가지 능력을 갖췄다는 뜻입니다. 그리고 자기를 돌볼 줄 아는 사람은 타인에 대한 공감 능력과 돌봄 기술도 갖추고 있습니다. 자기 쉼터가 있는 사람이 타인의 안식처도 되어줄 수 있는 겁니다.

마지막 세 번째는 바로 두꺼운 얼굴입니다. 정말로 얼굴이 두껍다는 말이 아닙니다. 중년이 되면 점점 볼은 빠지고 두꺼워지는 건 손발톱이지요. 다만 이 두꺼움은 다른 의미로 마음의 두터움입니다. 중용의 한 구절처럼 '부끄러움을 아는 용기[知恥近勇]'입니다. 자신의 행동과 결정에 대해 책임감을 갖는다는 건 얼마나 중요한 미덕입니까. 부끄러움은 부정적이고 버려야 할 감정으로 여겨지지만, 결국 우리를 더 인간답게 만드는 사회적 감정이죠. 중년기에는 가족 압박과 사회 압박에 몸마저 세월의 압박에 눌립니다. 위아래에서 쭉 눌리는 샌드위치가 되는 거죠. 일이 많으면 수치도 많습니다. 하지만 세월의 단두대에 한두 번 서봤습니까. 여러분이 이 압박을 견디고 지금 이 시간 이 자리에 서 있다면, 우리는 감정을 무시하거나 회피한 것이 아니라 당당히 맞서보았던 겁니다. 맞설 수 있는 얼굴의 두께, 중년의 미소와 여유, 나이 들며 얻은 뻔뻔함이 바로 미덕이자 역량입니다. 저는 제가 단연 1등급 얼굴 두께라 확신합니다. 심리적으로나 몸으로나 우리는 참으로 후덕한 사람들입니다.

## 나를 돌아보면 나를 돌볼 수 있다

자, 그럼 나이 들며 얻는 긍정성, 자기 객관화 능력, 두터운 마음을 유지하고 또 높이려면 어떻게 해야 할까요? 긍정성을 높이는 가장 좋은 방법은 손가락을 사용하는 것입니다! 손가락을 펼쳐서 내가 가진 것을 세어보세요. 내 앞에 있는 사람에게 다이아 반지, 강남 아파트를 달라는 게 아니라, 내가 노력하지 않더라도 나에게 주어진 수많은 것들을 손으로 꼽아보라는 겁니다. 우물로 물을 길러가지 않아도 샤워할 때마다 나오는 시원한 물이 얼마나 좋은가요. 한겨울에도 버튼만 누르면 방이 데워지니 이건 기적입니다. 먼 길을 한걸음에 가는 현대판 축지법, 자동차와 기차, 비행기는 그야말로 대단합니다. 내가 만들지 않고 애쓰지 않고도 나에게 주어진 수많은 것들이 얼마나 놀라운 선물인가요. 긍정성은 가진 것에 감사하는 감탄의 능력이자, 부정적 상황에서도 긍정적인 시선을 유지하려는 낙관주의이고, 나에게 긍정의 말을 걸어오는 하늘의 소리와 같습니다.

나를 돌보게 하는 자기 객관화 능력을 기르는 데는 성찰일지가 도움이 됩니다. 감정에 휘둘리는 대신 객관적으로 상황을 바라보고 감정을 능숙하게 통제하려면 감정 폭풍의 눈을 볼 줄 알고 폭풍에서 벗어나야겠지요? 성찰일지는 일상에서 자신의 행동, 감정, 생각을 돌아보고 내가 그때 어떻게 반응했고 어떤 생각이 들었는지 살펴보는 자기 관찰부터 시작합니다. 이어서 내가 겪은 일을 거리를 두고 바라볼 수 있는 질문들에 답하며 객관적 시선을 가지려고 노력하는 것입니다. 나의 행동과 말에 대한 자기 조언과 평가를 해보는 것이지요. 하지만 마지막에는 자신을 안아주는 말을 꼭 넣어야 합니다.

그다음은 어른다운 뻔뻔함을 갖추는 방법입니다. 어른의 건강한 뻔뻔함이란 자신을 지나치게 비난하지 않고 타인의 시선에 너무 얽매이지 않으며 자신의 가치를 지켜내는 능력입니다. 이를 통해 자신을 보호하고, 불필요한 스트레스나 죄책감에서 벗어날 수 있죠. 건강한 뻔뻔함은 이기적이거나 무례한 태도와는 다릅니다. 대신 자기 존중과 타인에 대한 존중 사이의 균형을 유지하는 태도지요. 이런 태도를 갖추려면 먼저, 주먹을 꼭 쥐세요. 맘 착한 어른은 거절이 더 어렵습니다. 주먹을 꼭 쥐고, 그래도 안 되면 100원짜리 동전을 꼭 쥐고 동전에 그려진 이순신 장군의 심정으로 '나에겐 아직 거절할 12개의 부탁이 더 있다'라고 다짐하시기 바랍니다. 두 번째로, 완벽주의는 멀리 던지세요. 우리는 이미 몸부터 불완전한 사람들입니다. 불완전해도, 모자라도, 때로는 욕먹

| 나를 돌아보는 성찰일지 | |
|---|---|
| 날짜: 20__ 년 _____ 월 _____ 일 | |
| 구분 | 성찰일지 내용 |
| 오늘의 관찰 | 어떤 일이 있었는가?<br>어떻게 행동하고 말했는가?<br>어떤 감정이 들었는가?<br>그때 떠오른 생각은 무엇이었는가? |
| 오늘의 시선 | 그 사건을 나의 친구/가족/멘토가 봤다면 뭐라고 했을까?<br>이 일에 나타난 나의 편견/선입견은 무엇인가?<br>어떤 행동/말이 필요했나? |
| 오늘의 수용 | 다른 이가 나에게 어떤 조언을 했나?<br>그 말이 어떻게 들렸나?<br>꼭 들어야 했던 말과 들을 필요 없었던 말은 무엇이었나?<br>정말 내게 필요했던 말은 어떤 말이었나? |
| 오늘의 안아주는 말 | 수고한 나에게 오늘 해주고 싶은 말은? |

어도 우리는 여기까지 잘 왔다는 걸 기억하세요. 그러니 완벽주의보다 80점의 기쁨을 만끽하세요. 무엇이든 80점을 넘어서면 그때부터 여러분은 거의 신의 영역에 이른 겁니다. 80점은 신과 인간의 영역 기준점, 가장 인간적이고 동시에 신에게 닿아 있는 점수입니다. 기준을 조금만 낮추어도 내가 보이고 상대가 보이고, 사랑과 기쁨까지 보입니다.

# 나는 혼자 지내도 괜찮은 사람일까?

오랜만에 사람을 만나고 돌아올 때면 이상하게 마음이 헛헛하고 허무한 느낌을 받아보신 적 있을 겁니다. 나대로 잘 살고 있다고 뿌듯하게 지내다가도 다른 사람을 만나면 '나만 뒤처지고 있나' 고민하게 되고 남들과 비교하다가 우울해지기도 하지요. 물론, 저도 그렇습니다. 모임에 가면 내가 싫어하는 인간들이 고혈압이나 당뇨도 없이 최고급 차를 몰고 활짝 웃는 얼굴로 나타나 인생의 잘난 척을 온 힘을 다해 하고 가기도 하니까요. 또 어떤 순간에는 '나 말고 이쁘고 날씬한 것들, 그리고 잘난 것들은 다 죽었으면 좋겠다'라는 생각까지 들 정도로 약이 오르는 때도 있습니다. 그럴 때를 생각해보면 친구는 다 허수인가 싶기도 합니다. 내가 중심이 되고 나도 신나게 말할 기회가 있어야 그 모임이 신나고 행복한데,

늘 그럴 수 있는 것도 아니지요. 이럴 때면 인간관계를 이렇게까지 힘들게 유지해야 하나 돌아보게 되지요. '차라리 혼자 지내는 게 행복한 걸까?'라는 생각도 들지만, 외롭게 나이 드는 것은 또 두렵습니다. 나는 어떻게 지내야 행복한 사람인 걸까요?

## 나이 들수록 행복한 사람의 비결

먼저 행복에 관해 살펴볼까요? 현대사회는 아리스토텔레스 이후에 행복 담론이 제일 많은 때일 겁니다. 그중 미국 사람들의 행복 연구가 우리나라 행복 연구에도 좋은 예가 되고 있죠. 특히 하버드대학교 정신의학과 교수 조지 베일런트가 1938년부터 성인 814명을 대상으로 시작한 장기적인 행복에 대한 연구의 바통을 이어받아 실시한, 미국인들이 나이 들며 느끼는 행복에 대한 연구가 대표적입니다. 이걸 '그랜트 연구'라고 부르는데, 행복, 그중에서도 행복하게 나이 드는 것에 영향을 주는 요인과 주지 않는 요인을 나누었어요. 먼저 조상의 수명, 콜레스테롤, 스트레스, 부모의 특성, 유년기의 성격, 사회적 유대관계는 성공적 노화와 직접적인 연관성이 없었습니다.[5] 다행이지요? 우리가 선택할 수 없는 것들이 핵심 요인이라면 어쩔 뻔했습니까. 사는 게 다행인 지점이 참으로 많습니다.

　대신 베일런트가 말하는 가장 중요한 것은 성숙한 방어기제예요. 방어기제란 자신을 보호하는 방법이니, 스스로를 지키는 성숙한 수단, 태도들을 말하는 것입니다. 성숙한 방어기제에는 이타주의, 유머, 억제, 승화, 예상 등이 있어요. 먼저 이타주의altruism는 직접적인 보상을 기대하지 않고 남을 돕는 행동으로 자신의 스트레스를 줄이고 갈등을 해소하는 방법이죠. 가족을 위해 헌신한다거나 자원봉사에 참여하거나 소액이라도 기부를 하는 행동이 성숙한 이타주의입니다. 유머humour는 스트레스를 주거나 불편한 상황에서 웃음을 통해 긴장을 완화하고, 감정적 거리를 두는 방식으로 문제를 다루는 걸 말합니다. 너무 바빠 힘든 와중에도 "나는 열심히 달리지, 왜? 나는 달리는 순환선 2호선이니까. 음하하하하!" 이렇게 말하며 스스로 불안이나 고통을 완화하는 것이지요. 의료진들은 생명이 위태로운 환자들 앞에서 가벼운 농담을 주고받곤 하는데, 이것도 높은 긴장을 낮추어 집중력을 높임으로써 감정적 거리감을 유지하는 성숙한 방어기제로 유머를 사용하는 예입니다. 억제suppression는 불편한 감정이나 생각을 의식적으로 잠시 미루고, 더 적절한 시기에 처리하는 능력입니다. 부서 회의에서나 가족 사이에 갈등이 있을 때 화가 나더라도 바로 감정적으로 반응하지 않고 회의가 끝난 후 혹은 서로 차분해진 후 대화로 푸는 방식이 전형적인 억제지요. 우리는 참으로 오래 참고 살았으니 성숙한 방어기제를 수없이 써왔던 셈입니다. 만약 스트레스를 받았을 때 달리기나 헬스를 하신다면 여러분은 승화의 방법을 쓰는 겁니다. 승화sublimation는 부정적인 감정이나 충동을 사회적으로 용인되거나 긍정적인 방식으로 전환하는 것입니다. 스포츠나 예술 활동은 자신의 고통이나 괴로움을 건강하게 표출하면서 사회적으로도 유익한 결과를 낳습니다. 예상anticipation은 미래에 있을 불편하거나 어려운 상황에 대해 미리 준비하고 계획하는 방어기제죠. 중요한 발표를 앞두고 사전 준비를 철저히 한다거나 은퇴 후를 위해 '3중 연금탑'을 쌓는 것이 전형적인 예상입니다. 생각보다 우리는 성숙한 방어기제를 많이 쓰고 있지요?

정리하자면 행복한 사람들은 이타적으로 행동하고 친절하며, 그저 밝은 면만 바라보면서 무작정 참지 않고, 힘든 일은 좋게 해석해내고, 짜증날 땐 뛰고, 불편하거나 어려운 상황에 미리 대비하고, 지나치게 심각한 태도를 고집하기보다 유머를 구사하더라는 거죠. 베일런트는 이 성숙한 방어기제 외에 몇 가지를 더 제안합니다. 바로 교육, 안정된 결혼 생활, 금연, 금주, 운동, 알맞은 체중이죠. 이 일곱 가지의 요인들이 베일런트의 연구가 내어놓은 행복의 구체적인 조건들이죠. 다 좋은데, 알맞은 체중이 참 눈에 거슬리네요. 참나!

## 반드시 찾아오는 외로움, 혼자여도 괜찮을까?

그런데 베일런트가 제안한 행복의 요소를 가만히 보면 다른 사람들과 원만하게 지내는 것도 중요하다는 걸 알 수 있지요. 적정한 관계도 행복의 중요한 요인인 셈이죠. 하지만 요즘 유튜브를 보면 유명한 철학자들을 대동하여 '손절하라, 그것만이 살길이다' 이렇게 노래를 부르더군요. 물론 우리도 손절이 필요한 순간이 있지만, 중년 정도 되면 굳이 손절이 필요없습니다. 떠날 놈 다 떠나고 이제 한 줌 남았는데, 손절이고 뭐고 할 게 없는 경우가 많지요. 이렇게 다들 아프거나 죽거나, 아니면 나를 싫어하거나 내가 밀어냈거나 혹은 세월의 시샘으로 멀어지다 보면, 어느 순간 덩그러니 혼자 남을 때가 있지요.

분명한 건 인간은 누구나 외롭습니다. 다만 외로움에도 종류가 있어요. 대개 영어에서는 **외로움**lonliness과 **고독**solitude을 구분하는데, 외로움은 다른 사람과 교류를 원하지만 그러지 못한 상태로 홀로 남겨진 상황을 말하죠. 한편 고독은 자발적이고 선택적인 외로움을 말합니다. 자연인은 고독을 택한 것이고, 사회로 돌아온 자연인은 외로움에 치를 떨었다고 봐야겠지요?

외로움에는 색깔도 있습니다. 대개 외로움 하면, 회색 혹은 푸른색을 떠올리지요. 아주 꿀꿀한 색으로 말입니다. 오죽하면 우울증을 영어로 '블루blue'라고 부르잖아요. 또 어떤 사람들은 외로움을 좀 더 긍정적으로 보면서 보라색을 말하는 사람들도 있어요. 대개 보라색은 광기의 색이라고도 하죠. 어둠을 말하는 파랑과 밝음을 상징하는 빨강이 뒤섞인 것처럼 말이죠. 여러분은 외로움 하면 어떤 색이 떠오르나요? 어떤 분은 흰색을 말하기도 해요. 단조로움과 무기력을 상징하는 색이니 그럴 만도 합니다. 물론 회색이나 검정색도 있지요.

그러나 그 종류가 무엇이고 색이 무엇이건 간에, 혼자서도 즐겁고 의미있게 잘 지내는 사람들이 있습니다. 일명 '자발적 아웃사이더'들이죠. 인간은 누구나 자기만의 시공간이 있어야 하고 저마다 필요한 지속 기간이나 공간의 특성도 각각 다릅니다. 잠시도 곁에 사람이 없어서는 안 되는 사람이 있는가 하면, 어쩌다 한 번씩 사람이 나타나야 편안한 사람도 있지요. 앞서 살펴본 행복 연구에서 알 수 있듯이, 사회적 유대관계가 성공적 노화와 직접적인 연관성이 있는 것은 아닙니다. 성숙한 방어기제도 갖추었고 행복의 조건들을 스스로 잘 충족하고 있다면, 굳이 나를 힘들게 만드는 인간관계에 휘둘릴 필요는 없겠지요.

## 외로움에 취약한, 혼자 지내면 안 되는 유형

그러나 주변에 꼭 사람이 있어야 하는 분들도 계세요. 먼저 독거불안이 높은 경우입니다. 혼자 있으면서 생겨나는 불안을 이기지 못해 어쩔 줄 몰라 하며 항상 사람을 찾아다니는 분들이죠. 그 중에서도 특히 거절과 배제를 두려워하는 사람들은 옆에 사람이 있어야 해요. 다른 사람들이 볼 때 이런 분들은 섬세하고 심정이 착하지만 스트레스에는 대단히 취약하죠. 또한 다른 사람들의 의견에 곧잘 동의하는 사람도 주변에 사람이 꼭 있어야 해요. 자기억압이 심해서 때로는 자신의 본성이나 재능까지도 억누르며 다른 사람에게 맞추려 하는 터라 타인의 존재에 영향을 워낙 크게 받는 분들입니다. 또 죽어도 다른 사람에게 부탁을 못 하는 경우도 있지요. 이런 분들이 은근히 많은데, 자존심도 세고 열등감도 못지않게

강한 경우가 많아요. 꼭 기억하세요. 이런 분들은 다른 사람에게 대신 부탁할 누군가가 곁에 있어야 인생을 살아갈 수 있습니다. 곁에 꼭 사람을 두세요.

살짝 특성이 다르긴 합니다만, 누군가를 도와야 직성이 풀리는 사람도 있죠. 인간복지사들이자 휴머니즘이 콸콸 넘치는 분들입니다. 착하고 이타적인, 고맙고 좋은 사람들이죠. 이런 경우 역시 주변에 도울 사람이 있어야지요. 물론 이분들은 들과 산에서 다람쥐나 멧돼지를 포함해 숨 쉬는 모든 존재를 도울 심성을 지닌 데다가 인간에 대한 기본적인 애착도 강합니다. 마지막으로 타인의 기대대로 사는 사람들이 있지요. 일종의 인정 중독인 경우입니다. 다른 사람들이 나를 알아주고 인정해주는 것이 나나 내 가족의 생사화복만큼 중요한 경우이기에 나를 바라봐주는 시선과 심장이 주변에 꼭 있어야 합니다.

## 나만의 세계를 지켜가며 관계를 맺는
## 다섯 가지 방법

개복치를 아시나요? 복어의 일종으로 몸집이 꽤 큰 물고기인데, 물고기 중 가장 겁도 많고 예민하답니다. 너무 예민해서 작은 상처만 나도 사망하기도 한다죠. 사람 중에도 유독 예민한 '인간 개복치'들이 있지요. 사소한 일에도 거의 임종 수준의 심적 고통을 느끼는 분들이요.

삼성서울병원 정신건강의학과 전홍진 교수와 서울아산병원 정신건강의학과 홍진표 교수팀이 2009년부터 2년간 우리나라를 비롯한 중국·대만·싱가포르·태국 등 아시아 6개국 우울증 환자 547명을 대상으로 연구를 진행한 결과, 자살 위험도가 높은 멜랑콜리아형 우울증이 다른 국가들(30.2퍼센트)보다 한국(42.6퍼센트)에서 많이 나타났어요. 또 같은 멜랑콜리아형 우울증 중에서도 한

국인은 자살 위험이 다른 국가들(0.7퍼센트)보다 두 배 이상(1.5퍼센트) 높았고요. 멜랑콜리아형 우울증은 자기감정을 모르고 실제로 감정을 잘 못 느끼는 탓에 엄청 예민해져서, 우울증을 몸으로 앓는 신체화 증상이 많고 자살률도 매우 높은 우울증입니다.[6] 이런 멜랑콜리아형 우울증은 가족들도 모르는 경우가 많기 때문에 미리 증상을 알아두고 각별히 신경 써야 합니다.

그런데 멜랑콜리아형 우울증의 증상은 관계에서 너무나 선명하게 나타나요. 누구를 만나고 오면 '괜히 만났다', '상처받았다', '다시는 안 간다', '친구 소용없다' 같이 부정적인 생각을 해요. 게다가 매일 사회생활을 하면서도 관계에 어려움을 자주 겪는다면, 그 세월이 벌써 수십 년 째라면 이건 해결해야 할 문제입니다. 멜랑콜리아형 우울증으로 이어질 위험성도 높고, 인간관계에 불필요한 에너지를 쏟다 보니 내 삶을 챙기지 못하니까요. 건강하게 사회생활도 하고, 나만의 세계를 지키며 인간관계를 맺을 방법이 절실합니다. 이럴 땐 다섯 가지만 생각하세요!

첫째, 나만의 안전기지를 찾으세요. 특정한 장소 한 곳을 택해서 나만의 안전기지로 삼으세요. 이 안전기지는 나의 마음을 지켜주는 일종의 심리적 자궁입니다. 여러 장소를 안전기지로 삼기보다는 한 장소를 선정해 자주 가는 것이 좋습니다. 물론 반려동물을 끌어안거나 운동을 하거나 나만의 기쁨을 위한 취미 활동을 마음의 안전기지로 삼는 것도 좋습니다. 편안하고 안심되고 아름답고 기쁜 감정을 느끼게 하는, 불안감을 줄이고 행복감을 증가시키는 대안적 행동을 가져야 한다는 것이 핵심입니다.

둘째, 나의 생체반응을 알아채야 합니다. 어떤 사람과 함께 있을 때 갑자기 멍해지거나 심장이 빨리 뛴다거나 갑자기 졸리다거나 하는 이상 증상이 나타난다면, 그 관계에서 나의 무의식은 중노동 중인 겁니다. 자신의 몸의 반응을 무시하면 안 돼요. 몸이 신호를 보내면 '이러다 말겠지' 하지 말고 이를 알아채고 직시해야 합니다. 만약 회사에서 같이 일하는 등 같은 공간에서 지내며 관계를 맺어야만 하는 경우라면 주기적으로 잠시 자리를 뜨거나 자세를 바꾸거나 하세요. 몸 근육을 이완시키고 심장박동을 안정시키고 호흡이 편해지도록 몸을 살펴주어야 마음도 안정됩니다. 저는 정신 승리를 믿지 않습니다. 오히려 눈에 보이는 행동 승리를 믿지요. 보다 행복하고 싶다면 정신 승리 따위는 잊으세요. 특히나 몸이 반응할 때는 행동 승리를 선택하셔야 합니다.

셋째, 딴짓을 하세요. 주어진 일과 무관한 일을 해야 합니다. 주부라면 집 밖의 일을 하고, 직장인이면 업무가 아닌 일을 짧게라도 해야 합니다. 딴짓을 부정적으로 보시는 분들도 계시는데, 딴짓은 뇌를 재충전하고 집중력도 높이는 데다가 스트레스를 낮추고 새로운 시각을 갖게 하는 아주 유용한 수단입니다. 어찌 일만 하고, 매번 해결에만 몰입하겠습니까. 딴짓은 불타는 뇌를 진화하는 소화기 역할을 합니다. 회사에 있다면 점심시간에 간단히 마사지나 스트레칭을 하거나, 점심을 같이 먹어야 하는 눈치 보이는 상황이라면 대충 먹고 화장실에 가서 종이학이라도 하나 접어보세요. 엉뚱한 일, 딴짓은 스트레스로부터 나를 살리는 환기구 같은 역할을 합니다. 단, 직장에서 숨통 트일 딴짓을 할 땐 들키지 않도록 눈치껏 하셔야 합니다.

넷째, 안 쓰는 뇌, 안 쓰는 머리 부분을 쓰세요. 업무는 늘 전두엽을 괴롭히죠. 그렇다면 안 쓰는 뇌는 어떻게 쓰는 것인가. 모르는 곳을 산책하고 낯선 장르의 음악을 듣는 것만으로도 뇌에 새로운 자극이 되지요. 근육 역시 마찬가지입니다. 우리는 늘 앞으로 걸으니, 그냥 한번 뒤로 걸어보세요. 허리를 앞으로만 구부렸다면 뒤로도 젖혀보세요. 방법은 각자 알아서 찾되 지금까지 해본 적 없던 새로운 영역에 눈을 돌리시기 바랍니다. 적극적으로 뇌를 자극하는 방법으로는 퍼즐이나 십자말 풀이처럼 기억력과 집중력을 높이는 활동이나 악기 연주나 요리처럼 복합적인 자극을 주는 것이 있습니다. 복잡하고도 새로운 영역에 자신을 노출시켜보세요.

뇌가 회복과 성장을 위해 스스로 자기를 바꾸는 과정을 신경가소성이라 하는데, 새로운 만남을 시작으로 뇌는 성장과 기쁨을 위한 공사를 시작할 겁니다.

마지막은 얼굴을 싹 돌리세요. 다른 사람의 얼굴을 오래 쳐다보지 말라는 겁니다. 관계가 힘들다고 말하는 사람들은 대개 '이 사람이 왜 이러지, 날 싫어하나, 불만 있나…' 하고 상대에 대해 늘 심각하게 고민해요. 상사나 후배, 가족이나 친구, 심지어 지나가는 사람들에게까지도요. 그런 질문들은 반복되지만 결국 답이 없는 질문들이지요. 그럴 때 타인의 '면상'과 '눈알'을 보지 마세요. 어차피 내 머리만 복잡하게 하는 얼굴들을 가능한 한 쳐다보지 말라는 겁니다. 요걸 심리학에서는 '물리적 거리두기' 혹은 '의도적 무시'라 하지요. 얼굴 싹 돌리세요!

관계의 기술 ①

# 인간관계에 지치는 세 가지 상황과
# 세 가지 답

살다 보면 자발적 고립을 자처하는 분들도 계시죠. 관계에 절여져서 삶이 너무 피곤하다고 느끼는 분들인데, 이렇게 혼자가 편한 사람들에게는 특징이 있습니다. 먼저 관계 피로감을 빨리 느껴요. 일명 '기빨림증'이지요. 누군가를 만나서 이야기를 듣고 말하는 게 마치 내 청춘과 생명에 빨대가 꽂혀 빨려들어가는 것처럼 힘들단 말입니다. 십중팔구는 착하게 사느라 피곤한 사람들입니다. 이런 분들이 힘들게 기 빨리다 집에 들어오면 개마저 나를 향해 짖어요. 월월.

지나치게 배려하는 당신에게

배려하고 고려할 게 너무 많아서 마치 머릿속이 꽉 찬 바둑판 같은 분들이 있습니다. 그렇다고 싫은 소리를 할 수 있는 용기나 에너지가 있나, 그것도 아닙니다. 걱정은 꼬리에 꼬리를 물죠, 감정기복은 심하죠, 고칼로리 음식을 먹어도 바로 당이 떨어집니다. 이럴 땐 한 사람도 빠짐없이 배려하겠다는 생각을 버리세요. 당신은 신이 아닙니다. 신도 그렇게 살면 오래 못 살 겁니다. 가까이하고 싶은 사람을 정하고 그 사람에게만 몰두하거나, 불편한 자리에 가면 '아, 나는 실어증에 걸렸다' 생각하고 입을 닫고 듣다가 오세요. 관객의 역할이 더 편할 겁니다. 관객은 무대나 무대 주인공을 배려할 필요가 거의 없거든요.

### 관계 적정 수를 초과한 당신에게

관계 피로감을 심하게 느끼는 분들은 자신이 견딜 수 있는 관계 적정 수를 초과한 경우가 많아요. 사람마다 자기가 쓸 수 있는 에너지가 정해져 있는데, 이 에너지를 초과하는 수의 인간이 내 삶에 등장하는 순간 간, 쓸개, 췌장의 모든 기운을 다 뽑아서 관계에 쓰고는 집에 돌아와서 환자처럼 누워 지내죠. 이런 분들은 만남의 조건을 항상 고려하셔야 합니다. 3~4명 정도의 소규모 모임까지만 견딜 수 있는 분들은 만남의 전체 조건을 조절하시고, 대규모 모임은 피하거나 가더라도 돌아오는 시간을 재촉하시기 바랍니다. 오는 길에 졸도할 수도 있어요.

한편 주변에 나를 달달 볶는 스트레스의 주범들이 포진한 경우도 있지요. 아주 죽을 맛이죠. 압축적이고 지속적으로 스트레스를 주는 인간은 인생에 한 명으로도 벅찹니다. 그런데 둘 이상이 포진하고 있다면 이건 정말 힘든 일이지요. 만나야만 하는 사이라면 그 사람과 '관계'를 맺는 게 아니라 '일'을 하듯 만나야 해요. 관계는 마음까지 쓰지만, 일은 경계도 선명하고 뒤끝도 없습니다. 이런 경우는 필요하다면 상담도 받으셔야 합니다. 사람이 살겠습니까?

### 발전 없는 관계를 지속하는 당신에게

발전 없는 관계를 지속하는 것 역시 진을 빼죠. 애를 쓰고 공을 들이는데도 불구하고 도무지 꿈쩍도 하지 않는 인류들이 있지요. 1년, 2년 시간을 들여 가까워지려 노력했지만, 만나고 나면 늘 공허하고 나만 애쓴다는 생각이 든다면, 당신은 호구거나 그 사람에게 지나친 기대를 하고 있었던 겁니다. 사람의 관계는 상호적이라 노력하면 대부분 의미의 꽃을 피워요. 그런데 지속적인 노력에도 불구하고 냉담한 반응만 온다면, 이런 경우 상황이 마음의 각을 뜨죠. 늘 무너지는 탑을 매번 새로이 쌓는 기분일 테니 말이지요. 아, 이 불쌍한 관계의 시시포스여! 기억하세요. 이런 경우는 관계를 끊지 말고 힘을 빼세요. 애쓰지 말고 흘러가는 대로 두면, 누군가 당신의 노력을 대신하거나 아니면 그 관계는 자연히 해체될 겁니다. 관계도 생로병사가 있으니, 중요한 관계가 아니라면 흘러가는 건 흘러가게 두세요.

**2장**

# "가족은 정서적 공동체다"

## 가족과의 관계

# 만남은 적고 기대는 높은 이상한 관계, 가족

　가족은 왜 가족일까요. '가면 갈수록 족쇄'라서 가족인 걸까요! 탯줄은 질기고, 가족의 심리적 혈관은 동맥경화입니다. 자식은 자식대로 힘들고, 부모는 부모대로 지치고, 가족이라는 이유로 서로를 어떻게든 견디곤 합니다. 왜 하필 맞지도 않는 사람끼리 가족으로 만나 서로 버리지도 못하는 사이가 되어버렸는지. 간절하면서도 징그럽고, 애틋하면서도 꼴도 보기 싫죠. 갈 곳이 없어 가는 집이라지만 늘 나를 반겨주었으면 하는 그곳, 스윗홈이지요. 아, 다른 집은 행복하게 웃음꽃이 피며 잘들 지내고 별일도 없더만, 나는 왜 이 집구석에서 이런 모양으로 살아가는지. 가끔씩 첫사랑이랑 결혼했으면 어땠을까, 부자로 태어났으면 어땠을까 공상에도 빠져보기도 하고, 이혼 생각도 해보고 이런 오만가지 생각을 하면서 여기까지 나이 들어왔습니다.

한 가지 다행(?)인 점을 콕 집어드리자면, 정말 많은 가족이 불행감을 느끼고, 소수의 가족만 우리는 행복하다고 말합니다. 정말 다행인지 아니면 불행인지는 모르겠습니다만, 우리 집만 괴롭다면 더 고통스러운 일 아니겠습니까. 다른 집의 불행이 때로는 나에게 위로가 될 때도 있지요. 조상님들이 천석지기는 천 가지 걱정이 있고, 만석지기는 만 가지 걱정이 있다는 말씀이 그 말이었나 싶을 정도로, 저마다 자신의 가족 때문에 고통스럽다고 말하면서도 밀어내지도 못한 채 오랜 세월 함께 살 것을 고민합니다.

## 가족이 가까우면서도 서로를 물어뜯는 이유: '친밀감 공백'과 '분화도'

서로를 밀어내는 듯하면서도 원하는 가족을 심리학에서는 역기능적 가족이라고 불러요. 기능이 엉망진창인 가족이란 뜻이지요. 역기능적 가족은 마치 꼬인 회로처럼 심리적으로 엉클어져 있어요. 서로에게 몹시 가혹하거나, 가족 규칙이 너무 엄격하고 일관성이 없는 경우도 많습니다. 가족 안에서 자기 감정을 잘 드러내지 못하고, 감정을 드러내면 수치를 당하기도 하고요. 언뜻 가까워 보여도 가족 간에 좁히기 어려운 심리적 공간, 바로 친밀감 공백 intimacy vacuum이 존재합니다. 관계에 건강한 친밀감이 부족한 상태라 친밀감intimacy으로 채워져야 할 공간이 진공vacuum 상태가 되어버린 겁니다. 가족이 서로 감정을 표현하고 마음을 드러내며 소통하지 못하니, 감정적으로나 신체적으로나 정신적으로나 친밀감이 결여된 것이죠. 친밀감 공백이 생기면 관계에서 고립감, 외로움, 불만족이 커지면서 관계가 위태로워질 수 있습니다. 부모, 연인, 배우자, 심지어 아이들을 생각하면 부담스럽거나 짜증나거나 공허해지죠. 친밀감 공백은 그대로 놔두면 시간이 지날수록 악화됩니다. 가족의 개성도 존중할 줄 모르고, 온 가족이 하나의 감정을 가져야 한다고 생각하게 되지요. 아주 경직되고 비타협적인 관계로 굳어져요. 이런 가족은 개개인별로 절망합니다.

이런 역기능적 가족은 분화도differentiation도 낮아요. 분화란 개인이 원가족의 정서적 융합에서 벗어나서 자신만의 방식대로 자율적으로 기능하게 되는 과정을 말해요. 개인 분화가 잘되어야 감정과 생각도 독립적으로 통제하고 대인관계도 나답고 건강하게 맺을 수 있죠. 분화도가 낮은 가족은 전체 가족이 감정적으로 한 덩어리가 되어서 하나의 감정만 느껴요. 다양한 감정을 인정하지 않죠. 융통성도 없고 서로 정서적으로 지나치게 의존해요. 이성보다는 감정에 치우치기 때문에 온 가족이 감정 분화구 같죠. 사생활도 거의 없어요. 온 가족이 독립성이 부족하고 책임 전가에는 능하니 늘 다툼 일색이죠. 그러면서도 타인의 평가에는 굉장히 민감하단 말입니다. 다른 사람들에게 좋은 가족으로 인정받으려고 또 애를 씁니다. 이러한 분화도를 점검할 수 있는 자아 분화 척도 검사가 있습니다. 가족들과의 관계를 돌아보며 여러분의 분화도를 한번 확인해보세요.

## 자아 분화 척도 검사
* 최근 2년 동안의 행동, 경험 및 의견을 바탕으로 답해주세요.

| 번호 | 문항 | 매우 그렇다 | 그렇다 | 아니다 | 전혀 아니다 |
|---|---|---|---|---|---|
| 1 | 나는 중요한 일을 결정할 때 마음 내키는 대로 결정하는 일이 많다. | ( )<br>(1점) | ( )<br>(2점) | ( )<br>(3점) | ( )<br>(4점) |
| 2 | 나는 말부터 해놓고 나중에 그 말을 후회하는 일이 많다. | ( )<br>(1점) | ( )<br>(2점) | ( )<br>(3점) | ( )<br>(4점) |
| 3 | 나는 화가 나면 물불을 가리지 않고 행동하는 편이다. | ( )<br>(1점) | ( )<br>(2점) | ( )<br>(3점) | ( )<br>(4점) |
| 4 | 나는 욕을 하고 무엇이든지 부수고 싶은 충동을 느낀다. | ( )<br>(1점) | ( )<br>(2점) | ( )<br>(3점) | ( )<br>(4점) |
| 5 | 나는 다른 사람들과의 싸움에 잘 말려드는 편이다. | ( )<br>(1점) | ( )<br>(2점) | ( )<br>(3점) | ( )<br>(4점) |
| 6 | 나는 대수롭지 않은 일에도 화를 잘 내는 편이다. | ( )<br>(1점) | ( )<br>(2점) | ( )<br>(3점) | ( )<br>(4점) |

| 7 | 내 말이나 의견이 남의 비판을 받으면 즉시 바꾼다. | ( )<br>(1점) | ( )<br>(2점) | ( )<br>(3점) | ( )<br>(4점) |
|---|---|---|---|---|---|
| 8 | 내 계획이 주위 사람의 인정을 받지 못하면 잘 바꾼다. | ( )<br>(1점) | ( )<br>(2점) | ( )<br>(3점) | ( )<br>(4점) |
| 9 | 나는 비교적 내 감정을 잘 통제하는 편이다. | ( )<br>(1점) | ( )<br>(2점) | ( )<br>(3점) | ( )<br>(4점) |
| 10 | 나는 남이 지적할 때보다 내가 틀렸다고 여길 때 의견을 더 잘 바꾼다. | ( )<br>(4점) | ( )<br>(3점) | ( )<br>(2점) | ( )<br>(1점) |
| 11 | 나는 대다수 사람들의 의견보다 내 의견을 더 중시한다. | ( )<br>(4점) | ( )<br>(3점) | ( )<br>(2점) | ( )<br>(1점) |
| 12 | 논쟁이 생기더라도 필요할 때에는 내 주장을 굽히지 않는다. | ( )<br>(4점) | ( )<br>(3점) | ( )<br>(2점) | ( )<br>(1점) |
| 13 | 주위의 말을 참작은 해도 어디까지나 내 소신에 따라 결정한다. | ( )<br>(4점) | ( )<br>(3점) | ( )<br>(2점) | ( )<br>(1점) |
| 4~18점: D 수준  19~36점: C 수준<br>36~46점: B 수준  46~52점: A 수준 | | | | 총점 : _____점 | |

점수가 낮을수록, 즉 D 수준에 가까울수록 가족과 감정적으로 융합되어서 서로를 힘들어하며 견디는 경우입니다. '아, 나는 가족과 정서적으로 들러붙어 있구나'라고 생각하시면 됩니다. 나와 가족의 구분이 명확하지 않아 가족을 하나의 덩어리로 느끼는

거예요. 반대로 점수가 높을수록 감정과 판단의 분화가 잘 이루어진 것으로, 자아정체감이 높은 상태입니다. 그렇다면 각 수준별로 어떤 상태에 있는지 자세히 살펴볼까요?

먼저 D 수준은 낮은 자아분화 수준입니다. 가족과 정서와 사고가 거의 분리되지 않아 감정적으로 매우 취약하고 의존적인 상태입니다. 타인의 반응에 과도하게 민감하며, 자신의 정체성을 확립하지 못하고 주변 환경에 쉽게 흔들리죠. 심각한 불안과 갈등으로 인해 지속적인 관계 문제나 자기 주도성 부족을 겪을 가능성이 높아서, 인생이 늘 안 풀린다고 느껴지고 불행감이 높아요.

C 수준은 보통 이하의 자아분화 수준을 말해요. 정서와 사고의 분리가 부족하기 때문에 감정에 의해 생각이 쉽게 달라지죠. 타인의 의견이나 감정에 의존하고, 갈등 상황에서 자신의 입장을 명확히 표현하지 못하는 경향이 있어요. 열심히 사는 것 같은데, 항상 억울한 게 많습니다. 대인 관계에서는 타인과 과도하게 융합하여 관계 초반에는 긍정적이지만, 시간이 지날수록 관계가 위태로워지고 정서도 불안정해집니다.

B 수준은 보통 이상의 자아분화 수준이죠. 정서와 사고가 어느 정도 분리되어 있지만, 극단적인 스트레스 상황에서는 정서적 반응이 우세할 수 있습니다. 그래도 대체로 자기 문제에 스스로 잘

대처해요. 평소에는 독립적으로 행동하지만, 중요한 관계에서는 타인의 기대에 신경을 많이 쓰는 편이지요. 비교적 균형 잡힌 사고와 관계 유지 능력을 지녔어요. 평범한 사람이 유지할 수 있는 최고의 상태라고 보시면 됩니다.

드디어 A 수준입니다. A 수준은 높은 자아분화 수준입니다. 정서와 사고가 잘 분리되어 있고, 극단적인 스트레스 상황에서도 이성을 유지하며 독립적으로 판단할 수 있어요. 타인의 의견에 휘둘리지 않고 자신의 가치를 유지하면서도 타인과 건강한 관계를 형성하죠. 자율성도 높고 감정 조절 능력도 뛰어납니다. A 수준에 있는 분들은 최상의 리더십을 보유한 사람이라서, 평범한 사람에게서는 찾아보기 어렵고 고차원의 성숙을 이룬 종교인들에게서 종종 나타나곤 합니다.

여러분은 몇 점을 받으셨나요? 혹시 C 수준이나 D 수준이 나오진 않았나요? '아, 가족 관계는 망했다'라고 절망하고 계신가요? 걱정 마세요. 이 검사를 통해 '나는 객관적으로 이런 상태에 있구나'라고 차분하게 받아들이세요. 이제 좋아질 일만 남은 겁니다. 교육을 통해, 좋은 사람들과의 조우를 통해, 나의 새로운 선택을 통해 분화도는 점점 나아질 수 있어요. 책을 읽는 이 순간에도 한 걸음씩 걸어나가고 있는 겁니다.

가족원 개인의 자아 분화도를 합산하여 평균을 내면 가족 분화도도 알 수 있어요. 그래서 가족 분화도가 높은 집은 개인의 자아 분화도가 높고, 역으로 개인의 자아 분화도가 전반적으로 낮은 집은 가족 분화도도 낮죠. 분화도가 보통이거나 높은 가족은 스트레스 상황이 발생해도 감정에 크게 좌지우지되지 않아요. 감정과 사고가 어느 정도 분리되어 있어 일상생활에서 정서적 안정성을 보입니다. 흥미로운 건, 이런 분화도가 세대가 이어지면서 전달된다는 겁니다. 유전이라고까지 말할 수는 없지만, 가족의 분위기가 다음 세대에게 학습되는 거죠. 부모는 자녀에게 어떠한 '척'을 하는, 일명 가짜 자기를 만드는 방법을 무의식적으로 전달하고, 삶의 에너지를 사랑과 인정을 추구하는 데만 소모하게 되어 개별 가족의 스트레스가 커집니다. 가짜 자기란 심리학에서 자신의 진짜 감정이나 욕구를 억누르고 외부의 기대나 요구에 맞춰 행동하는 자기 모습을 의미합니다. 타인의 인정을 받기 위해 자신의 본래 모습을 숨기고 사회적 역할이나 규범에 맞게 행동하는 것이죠. 게다가 자신의 내면보다는 주변 상황에 지속적이고 강하게 영향을 받으면서 삶이 불안정한 감정에 지배됩니다. 낮은 가족 분화도가 다음 세대로 이어지면, 대대로 감정식민지 속에 살아가게 되는 거죠.

## '갈등하는 가족'은 대물림된다

분화도가 낮은 가족이 늘 싸우는 가족이라고 생각하면 그건 오해입니다. 밥도 같이 먹고 종종 함께 놀러도 가니 친밀감이 없는 게 아니고, 건강한 친밀감이 많이 부족한 겁니다. 감정과 사고가 거의 분리되지 않은 채 감정 중심으로만 관계를 이해하고, 스트레스 상황에서는 감정에 완전히 압도되지요. 충동적이고 감정적인 반응이 가득하니 객관성을 유지하기가 매우 어렵습니다. 예를 들어 아버지와 어머니가 돈 문제로 싸우면서 자녀를 앞에 앉혀놓고 이런 대화가 오갈 수 있습니다.

> 아버지: 우리 집이 지금 왜 이리 힘든지 아니? 엄마가 돈을 흥청망청 써서 그런 거야. 엄마 명품 가방 좀 봐라, 맞지?
>
> 어머니: 쥐꼬리만한 월급 벌어다주면서 뭐가 어째? 그러는 당신이 주식만 안 말아먹었어도 이렇게 힘들겠어? 어디서 내 탓을 해. 네 아빠가 이런 인간이다.
>
> 딸: 엄마, 아빠, 제발 그만 좀 하세요. 머리가 아파요. 제가 용돈을 벌고 장학금을 받아서 학교를 다닐게요.

남편은 가족의 경제 문제가 아내 탓이라고 말하며 딸이 자기 편을 들도록 유도하고, 아내는 남편 탓을 하며 딸이 공감해주길 바라지요. 그러자 무고한 딸은 높은 스트레스와 불안을 보이며 갈등 상황을 자신이 어떻게든 해결하려 합니다. 분화도가 낮은 가족은 서로 의견이 다르거나 충돌하는 욕구가 생기면, 부딪히는 두 사람이 해결하기보다는 다른 가족 구성원을 끌어와서 '삼각관계'를 형성합니다. 이런 패턴이 지속되면 가족의 만성적 불안이 커지고, 정서적으로 단절되거나 반대로 완전히 들러붙어 하나의 감정 밧줄에 묶이죠. 자녀들의 정서가 건강하게 발달하기 어렵습니다. 무엇보다 세대 전수가 일어나면서 나중에 딸이 성장하여 가정을 이룬 후 남편과 싸울 때 자녀를 끌어들이면서 또 하나의 역기능적 가족을 형성할 가능성도 높아집니다.

친밀하지 않은 것이 아니라, 일그러지고 이기적인 욕구가 가족 정서를 침범할 때 가족 관계의 핵심적인 부분에 친밀감 공백이 생깁니다. 그러니 밀도 있으면서 안정적인 관계가 전혀 이루어지지 않습니다. 낮은 분화도와 친밀감 공백은 부부 관계에도 상당한 부정적 영향을 미칩니다. 분화도가 낮은 부부들은 결혼 생활에서 골치 아픈 디스트레스distress(고통스러운 스트레스)와 갈등을 자주 겪습니다. 삶의 만족도를 떨어뜨리고 결혼 생활 전반에 불행감을 느끼고요. 분화도가 낮아 감정 중심으로 사니 의사소통은 잘하겠습니까? 객관성이 낮으니 거리를 두고 자신을 바라볼 능력이 없고 융통성까지 부족하니 서로의 입장을 이해하고 수용하는 데 문제가 발생할 수 밖에 없지요. 무엇보다 스트레스 상황에서 분화도가 높은 사람들에 비해 크고 빠르게 불안을 느껴 정서적으로 크게 불안정하니, 작은 문제에도 부부의 심장은 널을 뛰게 됩니다.

부부 간의 정서적 교감이 어려우니 사랑이나 존경, 긍정적 마음을 주고받지 못하지요. 이 친밀감 공백은 아이들에게 바로 읽힙니다. 아이들은 부모의 낮은 친밀감과 가짜 자기를 예민하게 알아차리고, 그 환경에 자신을 맞추며 더 낮은 분화도를 익힙니다. 이걸 다세대전이multigenerational transmission process라고 부릅니다. 정서적 독립을 못 하니 독립적 자아를 형성하지 못하고, 부모의 만성적 불안은 자녀에게 전이되어 정서 조절 능력 발달을 막아버리죠. 좋은 역할 모델이 없으니 건강한 분화를 학습할 기회도 박탈당합니다. 게다가 분화도가 낮은 부모는 과하게 의존적이거나 통제적이기에, 그런 부모 밑에서 자란 자녀는 독립적인 의사 결정이나 자기주장을 하기 어렵죠. 평생 눈치 보며 인생을 살게 되니, 낮은 분화도와 친밀감 공백은 가족에게 치명적입니다. 그렇다면 가족 사이에 건강한 친밀감을 만들고 분화도를 높이려면 어떻게 해야 할까요?

# 서로를 공부하는 노력, 다정할 용기

**사이 좋은 가족이 지닌 특징들**

'여보, 사랑해!' 어떠세요. 바로 오글거리지요? 손발이 연탄불에 올린 오징어 마냥 베베 꼬인다면 여러분은 감정결절입니다. 결절은 주변의 정상 조직과 구별되어 관찰되는 병변을 말하죠. 감정결절은 해결되지 않은 감정적 갈등이나 억눌린 감정이 복잡하게 얽혀 있어, 정상적인 감정 교류가 어려운 병리적 상태를 말합니다. 사랑한다 말해도 곧이곧대로 받아들이지 못하고, 다른 사람의 말을 오해하는 일이 잦고, 감정이 꼬여서 모든 말이 고깝게 들리기에 다정하게 다가와도 퉁명스럽게 대하거나 징그럽다고 느끼며 다른 의도를 가졌다고 의심하기 십상이지요. 감정결절은 마치 종양 같아서 크면 클수록 악성일 확률이 높아요. 유전자의 상당량을 공유하는 가족은 대화 방식을 상호 습득하기에 감정결절이 수두룩하고 상당히 큰 경우가 많아요.

　가족은 정말 오랜 세월 같이 살아가는 생명공동체지요. 지금처럼 수명이 길어진 시대에는 온 가족이 재수 없으면 200년에 걸쳐 함께하게 되었어요. 농담이지만 곧 진담이 될 겁니다. 그렇기에 어려서도 보고 커가면서도 보고 늙어가면서도 보며 누구보다 서로를 잘 안다고 생각하지만, 그건 착각입니다.

　가족은 서로 영향을 미치는 존재들이긴 하지만, 아이가 팔다리를 자기 의지대로 움직이고 밖을 돌아다닐 수 있는 존재로 성장한 이후부터는 각자 알 수 없는 낯선 합성체가 되어 살아가지요. 아이가 놀고 들어오면 새로운 말을 배워오고, 부모가 나갔다 들어와서 다른 감정을 쏟아내는 걸 보면, 분명 가족은 외부 공기를 마시며 계속해서 서로 달라집니다.

　다만 그럴 리 없다고 확신하는 분들이 많습니다. 나는 내 자식을 알고, 나는 내 부모를, 내 형제를 정확하게 파악했다고 믿고 살아요. 분명한 착각입니다. 같이 살더라도 가족은 서로 모르는 존재가 되어갑니다. 보편성이 특수성이 되어가는 게 가족이 되어가는 과정이라고 해야겠지요. 뭐, 그렇다고 남은 아닙니다. 남이라고 하기에는 유전자 배열이 너무 비슷하고, 서로에게 습성이라고 할 만큼 학습되니 말이죠. 심지어 얼굴도 적당히 혹은 심하게 닮기도 했습니다. 오죽하면 '붕어빵'이라 하겠어요.

　서로 그렇게나 다르면서도 닮은 사람들이 함께하는 공동체가 가족이니 앞서 말한 것처럼 갈등이 생기기 쉽습니다. 하지만 그럼에도 유달리 사이 좋은 가족도 있습니다. 바로 관계 아이큐가 높은, 관계 능력이 뛰어난 가족입니다. 가족 관계에서 만족감을 느끼는 이러한 가족들을 연구해보니, 서로를 대하는 방법이 달랐습니다. 화목한 가족은 정말 귀하지만, 필요한 것들은 생각보다 간단하고 평범한 것들이었지요.


## 작은 용기가 모여 가족 관계를 바꾼다: 읽고, 말하고, 가르쳐라


　사이 좋은 가족들은 가족 관계도 사회적 관계임을 알아요. 예를 들어 받는 것이 있으면 주는 것도 있어야 한다 생각해서 부모가 자식의 생일을 챙기고 자식도 부모의 생일을 챙기죠. 자녀들이 성장하여 고등학교를 졸업하면 가족이 서로의 모든 순간을 이해할 수 있다는 혈연적 인정은 잊으세요. 대신 사회적 관계가 시작되는 겁니다. 아이들은 자신들의 삶을 살아가느라 늦게 들어오고 부모는 뒷전이 되니, 예전처럼 큰소리치며 이래라저래라 할 수 없지요. 인간적으로 대하는 것을 넘어 인격적으로 대하며 '성인 대 성인'의 관계를 맺어야 한다는 말입니다. 중년이 되어 이제 인간관계를 좀 알겠다 싶지만, 가족에게는 맥을 못 추는 이유는 얼마 전까지 어렸던 아이들이 어느덧 쑥 자라 성인이 되어 새로운 관계로 들어서기 때문이지요.

　어디 애들과의 관계만 그런가요. 나이 드신 부모님과의 관계도 마찬가집니다. 우리도 나이를 먹어가는데, 부모님이 나이 들수록 오히려 속마음을 알기가 더 어려워진다고 느끼신 적 있으시지요? 부모님과 40년, 50년을 살았어도 대화하다 보면 싸움이 될 때가 많지요. 차마 '삐졌다'라는 말을 하기에는 부모님도 나도 나이가 너무 많아졌습니다. 사춘기를 지난 지가 언젠데, 서로가 여전히 힘들단 말입니다. 생각난 김에 부모님과의 관계에서 잊지 말아야 할 건배사 하나 말씀드립니다. '빠삐따!' 아시지요? '빠지지 말고 삐지지 말고 따지지 말자!' 생신에 빠지지 말고, 섭섭한 말씀에 삐지지 말고, 말이 안 되도 따지지 마셔야 해요. 살아가며 변하는 것들이 많지만, 좋은 관계를 위한 불변의 요소들인 듯합니다.

　'내 가족은 내가 안다'는 말은 사실 '내 병은 내가 안다'와 같은 말이죠. 그런데 내 병을 내가 알면 왜 죽겠습니까? 안다 말하지만 사실 하나도 모르는 겁니다. 의사도 다 알지 못하는 질병을 의사도 아닌 내가 어찌 알겠습니까? 가족도 마찬가지여서 나이 들면서 달라지는 서로를 공부해야 합니다. 공부하는 방법은 생각보다 간단합니다. 읽고, 말하고, 가르치는 것이 최고의 기억법이자 학습법이죠.

먼저 가족의 특징과 마음을 읽어보세요. 무엇을 좋아하고 무엇을 싫어하는지, 어떤 것을 두려워하는지, 어떤 말과 행동을 조심해야 하는지 자세히 관찰하고 찾아내는 과정이 바로 '읽기'입니다. 관찰은 변화를 읽어내는 힘이에요. 동태 눈알로 맹하게 쳐다보는 게 아니라, 내 부모, 배우자, 자식이 옛날과 어떤 점이 달라졌는지 알아채려고 노력해야 합니다. '읽기'란 마치 고고학자가 땅에 묻힌 유물에서 흙을 털어내듯, 관찰의 붓질을 해가며 가족의 변화를 알아내는 과정입니다. 물론 가족이 먼저 말해주면 최고겠지만, 가족은 입에 풀 붙인 듯 침묵하니까요.

변화를 읽었으면 그것을 '말해야' 해요. 기껏 노력해서 가족의 마음을 읽고 나서 말하지 않고 마음속에만 간직하면 뭐하겠습니까? 소리 내어 상대에게 내가 이것을 알고 있다고 전달해야지요. 물론 비난이나 비판의 방식으로 말해선 절대 안 되고요. '오늘 머리 스타일이 더 잘되었는데!'와 같이 긍정적 변화를 표현하는 것이 매우 중요합니다. 당신의 진정성이 당신의 초능력이라는 말처럼, 진심을 담아 발화해야 힘이 생기죠. 제대로 말하지 않으면 사랑도 공중에서 흩어집니다.

그다음으로 가르쳐주어야 합니다. 잔소리로 범벅을 하거나 일장연설을 하라는 게 아니에요. 그러면 가족은 이미 각자 방이나 멍 때리는 눈동자 속으로 사라졌을 겁니다. 내가 어떨 때 무엇을 원하는지 알려주어야 가족들도 이를 배우고 신경을 써주지요. 제발 빙빙 돌려가며 스무고개 넘게 하지 말고 원하는 바와 방식을 분명하게 말하세요. 그래야 다른 가족들이 당신이 바라는 대로 해주려고 애쓰게 되지요. 말을 입안에서만 굴리면 가족을 원망만 하다 이번 생이 끝날 겁니다.

그리고 제발 다정하세요. 다정하게 말하고 다정하게 손짓하고 다정하게 터치하세요. 아니, 다정함이 병입니까. 다정하면 죽어요? 괜히 엉뚱한 데서 다정하다가 법정 가지 말고, 내 가족에게 다정하세요. 무엇보다 욕하지 마세요. 요즘은 개한테도 안 하는 욕을, 왜 가족한테 하고 난립니까? 가'족'이라서요? 어림도 없습니다. 가족에게 욕하는 인간은 아주 형편없는 겁니다. 개소말양닭… 평소에 십이간지가 다 나오는 집들이 있는데, 욕하는 어른들, 스스로 부끄러운 줄 아세요. 아이들에게 어른 대우를 받고 싶다면, 배우자에게 존경받고 싶다면 절대 욕하지 마세요. 삿대질이나 협박 조로 손을 올리는 행동도 폭력입니다. 손가락보다는 손바닥을 보이세요. 상대를 위협해서 원하는 행동을 받아내려 하면, 가족은 감정적으로나 관계적으로나 박살납니다.

대신 예쁘게 말해주세요. '잘한다, 자랑스럽다, 기막히게 예쁘다, 어찌 당신 같은 사람을('인간'이라고 하면 안 됩니다) 신이 주셨을까, 당신이 나의 1번이야, 당신은 나의 선물이야, 당신 된장찌개는 최고야, 어쩜 이리 성실한지!' 등등 좋은 말이 얼마나 많나요. 하다 보면 늡니다. 정 어려우면 친절하고 다정한 가족 옆에 앉아보세요. 그래야 그 온도를 얻어요. 다정함도 옮습니다.

마지막으로 용기를 내야 합니다. 다정함이 습관으로 자리 잡으려면 바로 그 앞에 놓인 부끄러움과 망설임의 산을 넘어야 해요. 다정한 말은 누구에게나 쑥스럽고 어색하고 낯설죠. 이럴 때 용기가 필요합니다. 여기서 분명히 말씀드릴 것은, 현명한 사람들은 필요한 때를 알고 기꺼이 용기를 낸다는 것입니다. 그 너머에 엄청난 결실이 올 것을 아니까요. 그래서 긍정심리학자 마틴 셀리그만이 인간의 24가지 강점에 용기를 포함했나 봅니다.[7]

마찬가지로 저명한 긍정심리학자 비스워스 디너는 용기를 이렇게 정의합니다. "도덕적이고 가치 있는 목표를 달성하기 위해 두려움과 위험이 존재함에도 불구하고 기꺼이 행동하려는 의지"라고요.[8] 어떤 사람이 위험을 감수하면서 어떤 행동을 하는 이유는 선하고 가치 있는 목표가 거기에 있기 때문이라는 거죠. 사람마다 상황에 따라 선하고 가치 있는 목표는 다를 수 있지요. 용기를 낸다는 게 말은 쉽지 정말 쉽겠습니까마는, 쉬운 일을 하면 무슨 보람이 있습니까. 어려운 일을 해야 보람도 따라오는 것이지요. 그러니 낮은 강도에서 높은 강도로 점진적으로 늘려가세요. 작은 용기부터, 소소한 친절부터 시작하는 겁니다. "오다 주웠다, 이 꽃." 이렇게요.

가족을 사랑한다면, 하지만 가족 때문에 운다면 공부의 힘과 다정할 용기가 필요한 때입니다. 이제라도 가족을 알아가고 다정해지면 됩니다. 가족은 핏줄이 아니라 학문이고 다정은 감정이 아니라 용기입니다.

# 역할에서 벗어나 감정에 솔직해져라
## 가족에게 내 감정을 표현하는 기술

저는 며느리나 사위는 1.5 가족이라 부릅니다. 원가족은 1, 새 가족은 1.5인 거죠. 0.5는 언제든 붙었다 떨어질 수 있다는 의미이 자 내 가족보다 더 신경을 써야 한다는 뜻입니다. 이건 역할의 어 려움과 무게를 말하는 동시에 역할을 넘어선 어떤 것을 가리키는 표현이기도 합니다.

이게 무슨 말일까요? 가족이 왜 가족인가, '가면 갈수록 족쇄' 라서 가족이라지요. 이런 웃픈 말에는 그만한 이유가 있어요. 가족 역할에 대한 강박 때문입니다. 우리가 그렇게 많이 들었던 '무슨 엄마가 이래', '아버지란 작자가', '장남/장녀 콤플렉스', '둘째는 경 쟁으로 큰다' 등 이런 이야기들은 가족의 역할에 대한 사회적 이미 지에서 나온 말이죠. 가족이 된다는 것은 가족의 역할을 수행한다는 것이니까요.

가족 역할이라는 게 마치 연극 같아서, 그 역할을 맡으면 불쾌와 불합리를 감수해야 하는 역설적 상황에 처하곤 합니다. 가족이란 본래 주거를 공유하면서 경제적으로 협력하고 자녀를 출산하는 것 등으로 특징지어지는 사회 집단이라 특유의 연대 의식이 있지요. 그런데 연대 의식이 '너~무' 강하면 가족 역할에 밀려 개인의 개성이 사라지거나 개인의 의견이 묵살되고, 사회적 활동보다 가족을 위한 헌신이 더 중요해집니다. 바로 20세기 혈연 중심의 가족주의가 그러했지요. 아버지는 가부장, 어머니는 현모양처, 첫째는 우리 집 기둥, 둘째부터는 알아서 해라! 단, 가족이 먼저다!

이게 항상 나쁜 것은 아니고, 지금도 중요한 가치입니다. 그러나 가족 역할에 지나치게 얽매이면 'K-장남/장녀'들은 폐위된 왕이자 희생과 수혜의 상징, 둘째는 열등감의 화신, 셋째는 생존을 위한 분위기 메이커, 막내는 의존적인 어린아이로 여겨지지요. 다아는 이야기가 되었지만, 심리학자 알프레드 아들러가 주장한 이 이야기가 맞기도 하지만 틀리기도 해요. 다들《미움받을 용기》란 책을 들어보셨지요? 아들러의 주장을 관계 차원에서 잘 풀어낸 책이지요. 바로 그 아들러는 형제 순서가 성격 특성에 주요한 부분을 차지한다고 말합니다. 그에 의하면 맏이는 책임감과 리더십을 지니며 권위적이고, 둘째처럼 중간에 낀 아이는 경쟁적이고 야망가이며 반항적이거나 주목받고자 하죠. 막내는 창의적이고 가족에서 인기가 많지만 과잉보호로 의존적이 되거나 문제아가 될 수 있는 자유 영혼이지요. 그러나 어떤 이론이든 모두에게 적용될 수는 없듯, 어떤 장남·장녀는 무책임의 화신이고 어떤 둘째는 무기력하며, 분위기를 망치는 셋째도 있고 가장 독립적인 막내도 많으니까요. 이러한 생각도 모두 가족의 나이가 아니라 역할에서 나온 이야기죠.

물론 가족 역할은 중요합니다. 그러나 각자 역할에 충실하다고 가족의 기쁨이 따라오진 않아요. 더 중요한 것은 감정에 솔직한 겁니다. 내 감정이 수용되는 가족, 서로 감정을 존중할 줄 아는 가족이 가장 행복감이 높고 친밀감의 질도 좋습니다. 그래서 심리학자들이 그렇게 '감정을 알아라, 읽어라, 표현하라' 하는 거죠.


관계를 망가뜨리는 솔직함과 건강한 솔직함의 차이


그런데 솔직함에도 종류가 있어요. 건강한 솔직함은 어느 누구도 상처받거나 불편하지 않은 바른 말을 포함한 상태지요. 과장되거나 억지스럽지도 않고요. 그러나 솔직하게 말한답시고 수치심, 분노, 두려움, 고통을 부르는 솔직함은 건강한 솔직함이라고 할 수 없습니다.

관계를 망가뜨리는 그런 솔직함이 바로 거친 솔직함입니다. 영어 표현 중에 'frankly speaking(솔직히 말해서)'에 해당하는 것입니다. 거친 솔직함은 자기의 표현을 상대가 어떻게 느낄지 고려하지 않는 솔직함이에요. 이를테면 이런 식이죠. '아니, 당신 몸무게가 70킬로그램이 넘는다고? 키는 160센티미터도 안 되면서?' 사실을 말한답시고 듣는 사람의 감정은 안중에도 없는 거지요.

사실 가족에게건 누구에게건 솔직함은 매력이지만, 상처를 주는 거친 솔직함을 남발하지 않으려면 이 세 가지를 꼭 주의하셔야 합니다. 먼저 **감정볼륨을 조절해서 표현**하세요. 이를테면 '너랑 얘기하면 내가 뚜껑이 열려'라는 분노의 표현을 '내가 오늘 살짝 예민하지?'라고 감정의 볼륨을 낮춰 말하는 겁니다. 같은 감정이지만, 한 박자 쉬고 부드러운 센스를 발휘하는 거지요. 두 번째로 '나' 전달법을 사용하세요. '나' 전달법은 상대를 판단하기보다는 내 마음과 상황을 표현하는 데 집중하는 것입니다. '오늘도 왜 늦고 난리야? 집에서 기다리는 사람은 생각도 안 해? 이 이기적인 인간!'을 '네가 늦어서 내가 정말 걱정했어. 다음에는 전화라도 꼭 해줘'라고요. 마지막은 대답하기 전에 시간차를 두세요. 솔직한 이야기가 때로는 상대의 마음을 내려치는 둔기가 될 수도 있습니다. 그래서 감정이 끓어오를 때 바로 대답하기보다는 시간차를 두어 감정의 김을 빼고 천천히 말하는 것이 좋습니다. 급하게 먹으면 반드시 체하는 것과 같은 원리입니다.

한편 상대를 배려하려는 부드러운 솔직함도 있습니다. 영어 표현으로 'to be honest'에 해당하는 말인데, '사실은 말야'라고 번역하면 좋을 것 같아요. 상대방의 마음을 염두에 두고 말을 고르고 골라 표현하는 겁니다. '사실은 말야, 당신도 조금만 운동하면 다시 건강해지고 살도 금방 빠질 거라고 생각해' 이렇게요. 대신 이런 말은 너무 자주 안 쓰는 게 좋은 거 아시지요? 흔한 언어 습관인데, '사실은, 솔직히, 진짜' 같은 말은 진심을 보이고 싶은 심정을 담은 말이지만, 많이 쓰면 신뢰가 오히려 낮아져요. 거기에 '우선, 일단, 첫째' 같은 표현을 많이 쓰는 '논리정연병'까지 들면 백약이 무효입니다. 이런 표현을 많이 쓰는 사람들은 대개 자신이 논리적이고 똑똑하다는 걸 보여주고 싶어 안달이 난 거지요. 벌써 느끼셨겠지만, 저도 '논리정연병' 환자 중 한 명입니다.

## 서로의 감정을 솔직하게 전하는 가족이 되려면

그렇다면 솔직한 감정을 부드럽게 나누는 가족이 되는 방법을 알아볼까요? 작은 습관들로도 크게 달라질 수 있습니다.

첫째, 부부는 하루 한 끼는 같이 먹어야 해요. 가족은 일주일에 한 번이라도 말입니다. 요즘은 온 가족이 외롭죠. 각자 스마트폰 속 자기만의 콘텐츠와 연애하고 SNS 팔로워를 가족 삼아 살아가니까요. 그들과는 미친 듯이 소통하면서 가족과는 하루에 한마디도 하지 않고 심지어 밥도 각자 배달시켜 먹는 경우도 많습니다. 가족이 함께 사는 동안에는 일주일에 한 끼는 같이 먹으려고 노력합시다. 같이 밥을 먹는 존재, 식구가 바로 가족입니다. 상담해보면 같이 밥 먹는 집은 아무리 부딪쳐도 살아내고 이겨냅니다. 함께 둘러 앉아 대화하는 시간을 갖기 때문이지요. 아무리 바쁘더라도 일주일에 한 번은 가족과 밥 약속을 잡아봅시다. 함께 밥을 먹으며 서로의 안부를 물으세요.

둘째, 땡큐! 감사한 일들을 숨 쉬듯 말하세요. 우리 가족에게 없는 것은 머릿속을 침범하듯 비집고 들어옵니다. 하지만 우리 가족이 가진 것은 스스로 손가락을 꼽으며 세어보아야 비로소 '아, 우리에게 이게 있었지' 하고 깨닫게 됩니다. 가족들과 함께 있을 때 '우리

딸은 어쩜 이리 세심할까', '우직한 우리 아들이 있어 정말 든든해', '당신처럼 부지런한 사람이랑 결혼 안 했으면 어쩔 뻔했어', '우리 가족은 정말 감사한 일이 많아!' 등등 여기 다 적을 수는 없지만 감사한 것들을 먼저 말하기 시작하면, 온 가족에게 감사 바이러스가 퍼질 겁니다. 지금 바로 입을 열고 손가락을 꼽으세요! 그리고 말끝마다 땡큐!

셋째, 지적하는 대신 칭찬하세요. 가족이야말로 서로의 칭찬에 목마른 사람들이죠. 부모의 칭찬은 자식에게 인생의 트램펄린이 되고, 부모는 자식의 감사 하나로 세상을 다 얻는 기분을 느끼지 않습니까. 물론 각자 고칠 점도 많고 할 말은 많으나 하지는 않는 일명 '할많하않'의 상태로 꾹 참고 있겠지만, 칭찬과 훈육에는 적정 비율이 있음을 기억하셔야 합니다. 자녀가 성장기라면 8:2, 성인기라면 9:1이나 10:0입니다. 성인이 된 자녀에게 훈육 따위는 개나 줘버리세요. 애들이 듣지도 않겠지만, 성인기 자녀들과는 옆집 총각처럼 지내야 합니다. 알아서 할 나이이니, 자녀가 하는 일에 아는 척하며 참견하지 말고 만나면 인사하고 그저 칭찬하시기 바랍니다. 야박하다고요? 이것부터라도 시작하면 관계는 새로워집니다.

넷째, 사과는 빠를수록 좋습니다. 가족에게 실수했을 때, '미안하다'라는 한마디가 정말 안 나오죠. 아니면 실수는 저질렀지만 다행히 티 안 나게 일이 마무리된, 솔직히 말하면 욕먹을 것 같고 말을 안 하자니 찜찜한 경우도 있잖아요. 이런 애매모호한 상황이라면 차라리 '들키지 마라!'라고 말씀드리고 싶습니다. 가족이 서로의 모든 것을 알 필요는 없죠. 누구에게나 무덤까지 가져가는 비밀은 있으니까요. 이미 경험이 많으시겠지만, 티 안 나면 말 안 해도 되는 것들이 많습니다. 다만 들켰으면 바로 사과하세요. 영어에 'ASAPAs As Soon As Possible'라는 말이 있지요. '가능한 한 빨리'라는 뜻입니다. 가족끼리의 사과 역시 빠를수록 좋습니다. 해야 할 사과를 제때 하지 않으면 흉터로 남아요. 연고를 바르면 곧 새살이 돋아날 가벼운 상처를 그냥 곪도록 두어서 평생의 흉터로 만드는 셈입니다.

마지막으로, 가끔 이유 없이 선물하세요. 정말 뜬금없는 선물 말입니다. 생일, 명절 때 으레 주는 선물도 좋지만, 뜬금없는 선물은 행복을 꽃피우지요. 이를테면 '여보, 오다 주웠어, 꽃', '딸, 여름엔 빙수지!', '아들아, 미래의 여친에게 주거라, 3만 원!', '당신을 위한 선물, 비상금!' 이런 식으로 의외의 선물이 가정을 꽃밭으로 만들죠. 가정이 꽃밭이어야 행복의 벌나비가 날아들지 않겠습니까. 선물은 단순한 물건이 아니죠. 마음을 한껏 담은 섬세한 돌봄의 상징입니다. 그러니 대화가 적고 서먹한 가족이라도 선물은 늘 기쁨이 됩니다. 너무 자주 말고 가끔 쏘세요. 인생 복권처럼 준비하시고, 쏘세요! 아, 나의 귀염둥이에게도 오늘 선물 하나 해야겠네요. 염둥아, 기다려라, 누나가 선물 들고 간다!

# 언제든 관계를 회복할 수 있다는
# 착각에서 벗어나라
### 일상적 공격성을 낮추는 방법

유독 가족에게 성질을 내는 이유가 뭔지 아십니까? 이 말을 하자마자 '아, 내 얘기네' 하는 분들 많으실 겁니다. '그러지 말았어야 하는데, 엄마한테 또 화내버렸네' 후회하고 돌아서지만, 며칠 뒤에 똑같이 화를 내죠. 늘상 화를 내는 가족에게 사과도 제대로 받지 못한 채 화를 감당하는 가족은 일상 욕받이가 됩니다. 아니, 일생 욕받이가 맞겠지요.

밖에서는 찍소리도 못 하면서 집에 와서는 어디서 그런 용기가 나는지 고개를 빳빳이 들고 소리를 질러가며 화를 내는 사람들이 있습니다. 인간과 짐승의 속성을 모두 가졌기 때문인지는 몰라도, 그런 사람들에게는 이중성이 있어서 아끼는 가족에게 무차별 폭언을 퍼붓고 방문을 부셔져라 닫고 들어가서는 자신을 인간 쓰레기라고 자책하곤 합니다.

　가족에게 쉽게, 또 심하게 화를 내는 것은 일상적 공격성 때문입니다. 일상적 공격성은 가까운 관계에서 더 자주 나타나죠. 왜 그럴까요? 가족은 가까운 관계이기에 깨지지 않을 거라고 믿기 때문이지요. 미국 리젠트대학교 심리학과 교수인 데보라 사우스 리차드슨은 이 현상에 관한 흥미로운 연구를 했어요. 그는 형제처럼 가까운 사이에는 강력한 유대 관계가 있기 때문에 직접적인 공격을 해도 관계가 깨지지 않을 거라는 믿음이 있음을 밝혔죠.[9] 아, 믿는 도끼, 정말 너무하죠? 어디 그뿐인가요. 미안한 마음이 들어도 나중에 화해하거나 용서할 기회가 있을 거라고 생각하죠. 시간이 지나면 저절로 해소되었던 적이 있었기 때문에 이번에도 슬쩍 지나갔다가 나중에 몇 마디 툭 던지면 화해했다고 치는 태도를 취하곤 하죠.

　내 기대와 현실이 도무지 맞지 않아도 일상적 공격성이 높아질 수 있어요. 자신이 기대하는 가족이란 이런 모습이어야 하는데, 나머지 가족이 도무지 그 기대를 맞춰주지 않는 거죠. 아이가 기대만큼 성적이 좋지 않거나 배우자가 가사 분담을 하지 않을 때, 부모가 나를 위로해주지 않거나 형제가 도무지 공감해주지 않을 때 정말 속상하기도 하고 열이 뻗치면서 일상적 공격성도 높아지는 겁니다. 당연하다 생각했던 것이 무너지면, 좌절은 빠르게 분노로 변합니다.

안전한 대상이라는 생각도 일상적 공격성을 강화합니다. 우리가 처음 만난 사람이나 직장 상사에게 있는 대로 성질을 내지는 않죠. 왜냐? 보복이 돌아올 수 있으니까요. 대신 가정은 어떻습니까. 훨씬 안전한 사적 공간이죠. 집에서처럼 말하고 행동하면 조만간 사회에서 매장될 겁니다. 후환이 두렵지 않은 안전한 대상일수록 일상적 공격성은 더 강하게 나타납니다. 그러니 사회생활에서보다 가정에서 더 뚜렷하고요.

## 서로에게 상처 주지 않는 가족으로 변화하려면

일상적 공격성을 낮추거나 이를 제어하려면 가족 내 감정 규칙이 중요합니다. 감정 규칙이란 이를테면 '화가 나도 욕설은 하지 않는다', '싸우고 나서도 식사는 함께한다'처럼 감정이 흐트러지는 순간에도 지켜야 할 최소한의 규칙입니다. 이런 규칙이 없을 때 일명 '콩가루 집안'이 되는 겁니다. 사람이라는 게 본래 화를 내도 괜찮은 사람에게는 계속 화를 내고, 예의를 갖춰야 하는 사람에게는 계속 예의 바르게 행동하지요. 그건 행동 이전에 발생하는 감정의 발산 범위가 대상마다 정해져 있기 때문이죠. 엄마에게는 쌍욕 직전까지 내 감정을 쏟아내거나 심지어는 쌍욕을 하는 못난이 자식들도 사회에 나가면 세상 효자효녀에 신사숙녀가 따로 없지요. 집 안과 집 밖, 편한 사람과 조심할 사람 등 다들 누울 자리를 보고 다리를 뻗는 겁니다. 관계에 따라 허락된 감정의 양과 질이 결정되는 거죠. 욕설이 '허락'된 관계는 무너집니다. 서로를 배려하는 감정 규칙이 없는 가족은 앞에서는 화살촉처럼 날카로운 공격을 쏟아내고 남몰래 고통스러워합니다.

일상적 공격성은 학습된 것이자 자신의 열등감을 감추려는 행동이지만, 자기에게 이익이 되는 선택이기도 합니다. '한번 성질을 냈더니 더 이상 나를 안 건드리는구나' 하고 경험을 통해 가족 위에 군림하는 방식으로 일상적 공격성을 갖게 될 수도 있습니다. 가족 관계에서 혼자 있을 시간과 공간을 확보하거나 내 말을 관철하는 수단으로 그보다 좋은 방법이 없다고 생각하면, 그럴 때마다 성질을 내는 겁니다. 한번 성질 내면 하루 종일 자유롭고 심지어 가족이 내 눈치까지 보니 이 얼마나 통치하기 편한 세상입니까. 그러나 기억하세요. 반복하면 습관이 되고 나쁜 습관이 남은 생애 동안 맺는 대부분의 관계에서 나타나는 관계 패턴이 될 수도 있다는 걸 말입니다.

그래서 말씀드립니다. 가족에게 화를 내거나 가족을 함부로 대하는 가족원이 있다면, 절대 가만두면 안 됩니다. 언어폭력이자 정서폭력인 욕설은 곧 신체폭력으로 이어질 가능성이 있습니다. 폭력은 습관이 되고 반드시 가속도가 붙기 때문이죠. 폭력을 목격한 다른 가족원이 정서적 트라우마에 시달릴 수 있고요. 서로 싸우며 폭력적인 모습을 보이는 부모 밑에서 성장한 자녀는 스스로 매우 불행한 출생이라고 생각해요. '내 삶이 평생 불행하겠구나'라는 불길한 예언까지 할 수 있습니다. 무엇보다 이런 상황을 그냥 두셨다가는 나중에 아주 험한 꼴을 볼지도 모릅니다. 작은 폭력을 방치한 대가를 호되게 치를 수 있다는 겁니다. 폭력은 방식과 정도에 상관없이 즉시 멈추게 해야 해요. 자녀가 보란 듯이 욕을 하거든 경고를 주고 반복되면 혹독하게 화를 내세요. 그래도 공격적인 언행을 반복한다면 아예 용돈을 끊어버리시고요. 단호하고 선명하게 감정 규칙을 세우고 언어를 바로잡아야 합니다. 그래야 행동도 바뀌니까요.

공격성이 낮아지는 환경을 만드는 물리적 변화도 필요합니다. 가구의 배치를 바꾸거나 물건을 정리해 공간을 재구성하는 것도 도움이 됩니다. 집에 여유 공간이 너무 없거나 가구나 물건 배치가 어수선하면 가족끼리 원치 않는 신체 접촉을 하게 돼요. 한편 위험하다고 생각되거나 폭력 상황에서 협박처럼 언급되거나 사용될 수 있는 도구, 이를테면 야구 배트, 골프채 같은 것을 아무 데나 두어서도 안 됩니다. 그런 물건이 널브러져 있으면 제 용도와 다르게(가령 서로 휘두르며 위협한다거나) 사용되어 문제 상황이 발생할 수 있습니다. 이처럼 치명적이거나 위협적인 물건을 보이지 않게 치워두는 것도 중요합니다. 가족 수에 비해 집이 너무 좁은 것도 가족 갈등의 원인이 됩니다. 그렇다고 넓은 집으로 이사하기에는 돈 문제도 있으니, 이때는 가족이 바깥 활동을 자주 하는 게 좋습니다. 요즘은 어딜 가나 카페가 있고 잘 꾸며진 공원도 많으니 외부에서 에너지를 충분히 사용하고 집에 와서는 인사만 하고 각자 쉬는 거예요. 특히 가족이 모두 성인인 경우는 일찍 나갔다가 늦게 들어오는 일이 가족 관계를 오히려 건강하게 만들곤 합니다. 덜 보면 덜 싸운다는 것이지요. 폭발형 갈등보다는 차라리 회피형 갈등이 낫습니다. 최소한 위험하지는 않으니까요.

　나는 모질지 못하고 마음이 약해서 폭력적인 상황을 통제할 자신이 없다는 분들도 계시지요. 그렇다면 적어도 욕설 같은 폭력적인 사건이나 불친절한 행동이 있을 때마다 시간과 상황을 메모해두세요. 얼마나 자주 일어나고, 어떤 폭력적인 일이 발생하는지,

어느 시점에 더 강해지는지 알 수 있을 겁니다. 그리고 반복해서 읽어보세요. 많이 읽을수록 문제가 심각하다는 생각이 깊어지고, 가족의 불친절과 폭력에 대해 민감성이 올라갈 겁니다. 다음 단계로 '하지마'라고 소리내어 말하기 어렵다면 눈빛이나 작은 몸짓으로라도 매번 불편감을 표현해야 합니다. 다른 가족원과 불편한 마음이 들 때 어떻게 하면 좋을지를 함께 논의하는 것도 좋습니다.

문제 행동을 보이는 가족원에게는 구체적으로 잘못을 지적하고 개선을 요청하셔야 해요. '집 안에서 욕하지 말아라', '부모에게 거칠게 대하지 말아라', '가족에게 친절하게 말해라', 한 번만 더 욕을 하면 용돈을 안 주겠다', '오늘 이후로 똑같은 행동을 반복하면 각방을 쓰겠다'와 같이 가족을 함부로 대하는 가족원에게는 구체적으로 해야 할 것과 하지 말아야 할 것, 잘못에 따른 제재 등을 정확히 언급하셔야 합니다. 그리고 약속한 제재는 반드시 실행하시고요. 마음 약해졌다가는 일생 먹살 잡히고 무시당하고 돈까지 뜯기며 살 겁니다. 가족도 인간관계라, 가만히 있으면 가마니로 알고, 보자 보자 하면 보자기로 압니다. 인간이라면, 그리고 가족이라면 함께 살아가는 사람들끼리 존경은 못해도 최소한 존중은 해야 합니다. 기억하세요. 규칙을 만들었으면 반드시 이를 악물고 주먹 꼭 쥐고 지켜야 규칙이 살아 움직입니다!

# 가족 사이의 건강한 거리감을 찾아라
## 사과 없는 가족과 사는 당신에게

가족은 무엇으로 사는 걸까요? 우리는 서로 누구이기에 가족이라는 이름만으로도 서로를 책임져야 할까요? 물론 책임지기는커녕 나를 다른 형제들과 차별하고 늘 내 말이 틀리다고 타박했던 부모도 있지요. 지금까지도 이해할 수 없는 아픔입니다. 나이를 먹고 세월이 흘렀는데도 가족은 늘 나에게 소원한 섬이고, 고통스러운 기억이며, 속상한 혈연으로 남아 있곤 합니다.

자식을 낳은 분들 이야기를 모아보면 더 아픈 손가락도 있고 덜 아픈 손가락도 있다고 합니다. 부모도 인간인지라 감정의 부정맥이 있는 경우가 상당합니다. 실제로 미국 캘리포니아대학교 교수 캐서린 콩거가 이에 관해 연구를 했는데, 약 70퍼센트의 아버지와 65퍼센트의 어머니가 한 자녀를 편애한다고 응답했습니다.[10] 본인이 지각하고 인정한 부모가 이 정도라면 실제로는 더 많을 수 있겠지요. 물론 자식들이 '왜 나를 차별했어요?'라고 물으면 부모들은 '내가 언제 그랬냐, 나는 너나 형이나 똑같이 사랑했다!'라고들 하시지만요.

그러나 분명 맏이에 대한 특별함은 있습니다. 나를 더 닮은 아이를 더 사랑하는 것도 자연스럽고요. 첫아이는 첫사랑이라서, 막내는 상대적으로 약해 보이는 아이라서 사랑이 더 깊을 수도 있지요. 그래도 아이들이 평생 묵혀둔 자신의 서러움을 꺼내면, 부모는 나이 들어가는 마당에 할 말이 없으니 먼 산을 바라보거나 옆구리 찔러 사과하듯 '힘들었다니 미안하다' 정도로 긴 비극의 1막을 내리곤 합니다.

물론 사과 없는 부모도 많고, 불효막심한 망나니 자식들도 많아요. 그러나 부모가 자식의 성장기에 했던 모든 실수, 잘못을 두고 사과해야 한다는 생각은 신중히 고려해야 합니다. 사실 특정 순간의 실수에 대해 사과해주기만 해도 고마운 일이지요. 부모가 사과나 용서의 의무를 가진 자는 아니니 말입니다. 이게 상담자가 할 소리냐 하시겠지만, 생각해보세요. 부모가 내게 상처를 주었다 하더라도 등 떠밀려 하는 마음에도 없는 '혀 사과'가 의미가 있을까요. 또 내가 사과를 받고 싶다 한들 아무리 부모라도 나에게 선뜻 사과를 할까요? 빌려준 돈은 차용증이라도 있지만, 지나간 삶은 증인조차 찾기 어렵고, 부모의 인품이 나이 들면서 급성장하는 것도 아니기에 사실상 부모의 사과는 무척이나 어렵고 유물 발굴하듯 찾아야 간신히 있을 일입니다. 부부끼리 사과를 하지 않는 집이라면 부모 자식 간의 사과도 쉽지 않지요.

자식들도 '무사과' 면에서는 뒤지지 않지요. 태어나는 날부터 마음을 졸이게 하더니, 다치고 아프고 맞거나 때리고 들어오면서 애를 태웠던 일들은 부모의 기억에만 있지 자식들 기억에는 플래시처럼 반짝 스쳐지나간 일이지요. 게다가 성인이 된다고 부모를 잘 이해하고 말을 잘 듣나요? 오히려 머리가 굵어지면서 나를 왜 이렇게 키웠냐며 본전을 찾으려 합니다. 부모가 투자하고 애쓴 만큼 아이들에게 돌려받는 일은 전설의 고향에나 나올 일입니다.

'가족=상처', '가족=병'이라는 등식이 공식처럼 자리를 잡았지만, 상처는 늘 딱지가 앉고 기억은 희미해집니다. 과거가 아프더라도 결국 우리는 나이 들어가며 그다음 발달단계로 나아가고 매 순간 새로운 선택 앞에 서지요. 가족에게 뭔가를 돌려받고자 하는 마음이 있는 분들, 사과를 받고 싶어도 가족들이 꿈쩍도 않는 분은 이렇게 해보세요. 본전도 못 찾을 가족 복수로 인생을 낭비하지 말고, 요청과 기술로 새로운 관계 구성을 시도하는 겁니다.

## 사랑과 친밀함만큼이나 중요한 경계와 거리두기

가장 먼저 필요한 것이 경계설정입니다. '아니, 무슨 가족이 남도 아니고 어떻게 거리를 둡니까' 하시는 분들은 십중팔구 나머지 가족들이 힘들어하고 있을 거예요. 가족 간에 부당하고 억울한 일이 얼마나 많나요. 아버지는 소리 지르고, 형제는 놀리고, 엄마는 나 몰라라 하고, 심지어 우리 집 고양이마저 나를 보면 하악질을 해대지요. 감정적 상처는 쌓이고, 표현은 못하고, 나이는 먹는데 나만의 사생활이 없는 집들도 많습니다. 그런 가족은 비밀은 없고, 하나의 규칙에 순응하고, 가족의 울타리에서 이탈해선 안 된다고 강요하는 고통스러운 경우지요.

세상 누구보다 친밀한 가족 사이에도 거리가 필요합니다. 어떤 관계든 너무 밀착해서 거리가 없으면 '관계진물'이 생겨요. 그러다 관계가 썩어 들어가는 거지요. 서로 건강하게 사랑하려면 반드시 물리적으로 분리된 시공간이 주어져야 하고, 각자만의 비밀이 필요합니다. 독립된 성인임에도 여전히 애 다루듯 다 털어놓으라고, 어린 시절 가방 검사 하듯 인생을 털게 해서는 싸움만 일어납니다. 자기만의 비밀이 필요하다는 사실을 받아들여야지요. 자기 비밀을 무작정 털어놓아도 좋지 않습니다. 다른 가족원이 형사도 아니고 집이 취조실도 아닌데, 왜 죄다 털어놓고 난리입니까. 고해성사는 성당에 가서 하시면 됩니다.

그래서 거리두기의 주체는 '나'로 설정해야 합니다. 상대가 절대 아니에요. 상대가 너무 가까이 다가오면 내가 한 발 물러서면 되고, 상대가 너무 멀어지면 내가 한 발 다가가면 됩니다. 아무리 가까운 가족이라도 고통 감수성은 서로 달라요. 분화도가 낮은 집일수록 서로의 고통에 대한 감수성도 낮고요. '내 가족은 나를 치료하기에 역부족일 수 있다'는 뜻입니다. 그러니 내가 힘들 때 가족이 나서주길 기대하지 말고, 또 나서지 않는다고 실망하지도 마세요. 반대로 자신이 나서서 다른 가족원의 고통을 떠안는 희생자가 되지도 말아야 해요. 분화도 낮은 집은 가족을 위해 희생하는 가족원에게 '누칼협!', 즉 누가 칼 들고 그렇게 하라고 협박했냐면서 오히려 희생 자체를 무효화한단 말이죠. 아, 상상만 해도 화가 확 올라오지요?

마지막으로는 관계를 바꿀 용기가 필요합니다. 가령 내가 엄마건 아빠건, 딸이건 아들이건, 며느리건 사위건 간에 가족의 힘든 일, 어려운 일, 싫은 일을 도맡고 있어서 이를 부당하다고 말할 때, 속이 좁다거나 왜 그렇게 예민하냐고 비난하는 가족이라면 거리를 두어야 합니다. 나의 존엄마저 흔드는 처사는 받아들여선 안 돼요. 함께 오래 살아갈 가족이기에 더욱 그러합니다. 막상 거리를 두는 나를 온 가족이 이상하게 취급할 수도 있어요. 그러나 두려워 말고 용기를 내세요. 시간이 지나면 여러분의 거리두기가 가족의 규칙에 포함될 겁니다. 이를 위해 가끔은 건드리면 무는 개가 되어도 괜찮습니다. 내가 거리를 뒀다가 가족 분위기가 엉망이 될까 초조한 마음이 들고 거진 협박에 가까운 부탁을 들을 수도 있을 텐데, 새로운 가족 관계는 적절한 거리두기에서 시작된다는 것을 꼭 기억하시기 바랍니다. 불편한 감정을 표현하고 무리한 요구는 거절하세요. 가족에게도 좌절과 거절이 필요하니까요. 서로가 편안한 물리적 거리와 심리적 거리를 찾아나가고 그 과정에 의연합시다. 하지만 건강한 관계를 위해 거리를 다시 설정하라는 말이 가족 내에서 나의 역할을 그만두라는 말은 아닙니다. 집안일이나 서로에 대한 정서적 지지를 비롯해 가족으로서 분담해야 할 역할은 이어가는 겁니다. 다른 가족이 침범하지 못하는 나만의 영역을 만드는 것과 가족을 배척하면서 나의 역할을 방기하는 것은 다른 문제임을 기억합시다!

# 내 가족에게 필요한 '최적의 좌절'

## 가족 생각뿐인 당신에게

좌절이라는 말은 듣자마자 힘이 쭉 빠지죠. 내 인생에는 없었으면 하는 단어입니다. 영어로 써도 frustration, 단어가 어찌나 긴지 더 길게 '좌~절'할 것 같습니다. 어린 시절의 좌절은 대개 부모로부터 충분한 사랑과 관심을 받지 못했다고 생각할 때 겪습니다. 이 좌절은 '나는 사랑받을 가치가 없어'라는 생각으로 이어져 낮은 자존감에 신음하게 만들어요. 지나치게 엄격한 부모 밑에서 숨도 못 쉬며 살아왔거나 잘난 형제자매와 비교당하고 부모의 편애에 상처받으면서 좌절을 겪고 열등감에 시달릴 수도 있지요.

청소년기에는 좌절증후군이라는 것을 겪기도 합니다. 학교에도 학원에도 어찌 이리 잘난 애들은 많은지 성적 경쟁에 허덕이고, 외모도 아이돌 수준에 성격 좋고 운동까지 잘하는 애들을 보며 부러움과 열등감이 짓이겨져 말도 못하고 움츠러든 채로 자랄 수도 있습니다. 반대로 겉으로는 반항적 행동을 강하게 드러내면서 속으로는 자기 마음을 괴롭히는 고의적 자해를 하기도 하지요. 이런 증상등을 아울러 청소년기 좌절증후군Adolescent Frustration Syndrome이라고 합니다.

이외에도 모든 결핍의 순간이 좌절을 가져왔을 수 있습니다. 집이 가난했거나 폭력적인 부모 아래 성장했거나 부모가 이혼을 했을 수도 있지요. 동생이 태어나면서 관심이 온통 그쪽에 쏠려 부모에게 버려진 듯한 감정과 동생에 대한 질투로 살아오거나, 청소년기에 겪은 따돌림이나 괴롭힘을 직장에서까지 마주하기도 합니다. 삶이 좌절의 연속이었다면 마음은 늘 진창이었을 겁니다.

그런데 좌절도 종류가 있다는 걸 아시나요? 하인츠 코헛이라는 심리학자가 좌절을 아주 멋지게 분석했지요. 요즘 나르시시즘, 혹은 나르시시스트라는 말이 유행하지요? 이 분야 최고의 연구가라고 보시면 됩니다. 이 코헛이 좌절을 두 종류로 나누었어요. 바로 상처가 되는 좌절과 감당할 수 있는 좌절인데, 감당할 수 있으면서 성장을 가져오는 좌절을 일명 최적의 좌절이라고 부릅니다.

똑같은 일을 겪은 형제라도 어떤 자식은 평생 '저는 정말 상처받았다고요'라고 외치는 반면 '힘든 일도 있었지만, 뭐 잘 이겨냈어요'라고 반응하는 자식도 있어요. 성인이 되어서도 마찬가지지요. 누군가는 작은 좌절에도 온 세상이 자신을 괴롭힌다고 느끼지만, 어지간한 좌절에는 꿈쩍 않고 자기 할 일을 해나가는 사람들이 있듯이 말입니다. 부모의 태도가 때때로 아이에게 좌절을 안겨주더라도 상처가 되는 좌절로 남지 않으면, 이때 아이는 부모의 태도 중 자신을 달래거나 진정시키는 특성을 받아들이고 자신의 본능적인 욕구를 조절할 수 있는 심리 영역을 만들어냅니다.

## 배움과 성장의 한 축에는 '좌절'이 있다

'안 돼!' 어려서부터 부지기수로 들었던 말이죠. 이 말이 늘 나를 좌절시켰다고 생각하는 사람도 있지만, 만일 이런 좌절이 없었다면 외부의 세균에 노출된 적이 없는 무균실에서 성장하여 온 세상이 부모처럼 자신에게 공감해주고 위해를 가할 리 없다고 믿는 유아적이고 자기중심적인 사람이 될 수 있습니다. 특히 아이들 중에 똑똑하고 야무진 아이가 있다면 반드시 적절한 좌절 경험과 배려 훈련이 필요하지요. 그렇지 않으면 똑똑한 이기주의자가 될 테니까요.

부모가 자식의 요구를 언제든 충족시킬 수는 없으니, 때로는 아이에게 비교적 견딜 수 있는 실망 경험 혹은 좌절 경험을 주어야 하죠. 그래야 자녀에게 부모의 도움 없이 스스로 감정도 조절하고 문제를 해결할 수 있는 능력이 생기니까요. 이 세상이 자신을 언제나 만족시켜주지는 않는다는 사실을 배우는 거죠.

성인기에도 마찬가지로, 일종의 거절 훈련과 적절한 기준 설정이 필요하죠. 인생은 세일즈라지요? 세일즈를 할 때, 내가 만나는 모든 고객이 나의 물건을 사주나요? 아니지요. 누군가는 나를 호의적으로 대하며 물건을 사겠지만, 대부분은 거절하거나 심지어 손절할 수도 있지요. 하지만 이런 거절과 좌절을 넘어서며 보다 유능한 세일즈 전문가로 성장하는 겁니다. 마찬가지로 인간은 자신의 한계를 발견하고 이것을 극복하기 위해 노력하면서 스트레스와 어려움에 대처하는 능력을 키워갑니다. 타인에게 과도하게 의존하지 않으면서 균형 잡힌 인간관계를 맺는 능력은 이처럼 거절을 다루고 해석하는 능력에 좌우됩니다.

그렇다면 '최적의 좌절'은 자식들에게만 필요할까요? 아니죠! 평생 상호 양육하는 가족에게도 필수입니다. 나이가 어리든 많든, 부부 사이든 부모 자녀 사이든, 나아가 어떤 인간관계든 거절(과 좌절)은 필요합니다. 서로에게 모든 것을 허락해야 사이 좋은 부부인

가요? 자녀의 모든 요구를 수용해야 완벽한 부모인가요? 오히려 완벽하면 문제가 될 수 있어요. 완벽한 부모는 아이를 완벽하게 망치고, 완벽을 꿈꾸는 순간 가족은 병드니까요.

상대가 원하는 모든 것을 채워주면 좌절은 불가능합니다. 원하는 것이 있다면 예의를 갖춰 요청하도록 하고, 막무가내로 떼를 쓴다면 부탁을 들어주지 않거나 기다리는 법을 가르쳐야 합니다. 이런 거절과 훈육은 건강한 성장과 절제를 위해 필수적인 '의도된 좌절'이자 최적의 좌절입니다. 실패가 눈앞에 보이는 사업을 하겠다고 부모에게 대출을 받아 돈을 달라고 부탁한다면, 무조건 수용하시겠습니까? 물론 부모와 자녀가 반대인 경우도 마찬가집니다. 미성숙한 부모가 자식의 사정을 고려하지 않고 무작정 '키워준 값'을 하라며 돈 내놓으로고 윽박지른다면, 무작정 응하는 게 효도일까요? 절대 아닙니다. 못난이 자식을 가르쳐야 하듯, 못난이 부모도 배워야 합니다. 배움의 한 축에는 좌절이 있습니다. 가족도 좌절을 통해 한계를 배우고, 노력과 도전을 통해 희망과 가능성을 배웁니다.

## 때로는 거절이 사랑이 됩니다

내게 주어진 가족 역할을 충분히 해내지 못하거나 시기를 놓쳐 더 이상 그 역할을 할 수 없을 때, 가족죄책감이 생겨납니다. 가족만이 느끼는 심리적 죄책이지요. '부모님께 그때 그걸 사드렸어야 했는데', '내 아이를 그 학교에 보냈어야 했는데', '그때 내 배우자에게 그런 말을 하지 말았어야 했는데' 등 과거를 돌아보면 한숨만 나고 남은 것은 주름뿐인 겁니다. 가족죄책감은 때로 가족을 더 살갑게 만들고 가족의 온기를 따스하게 높이지만, 과도하면 본인도 가족도 힘들어져요.

살면서 가족에게 잘 못해주었다는 생각에 너무 죄책감을 갖지는 마세요. 세상의 좋은 것들을 다 주고, 항상 곁을 지켜주고, 특출나게 잘나서 콧대를 높여줘야 좋은 가족인 게 아닙니다. 가족죄책감을 느끼는 사람은 평생 가족 생각에 사로잡힌 경우가 많아요. 가족의 모든 요구를 수용해주려고 갖은 애를 쓰니까요. 하지만 최선을 다해도 가족들이 불평과 불만으로 가득한 경우도 있습니다. 내 부모, 형제, 자식이 불평을 하며 무리한 요구를 할 때, 절대 먼저 좌절하지 마세요. '아, 내가 애를 잘못 키웠나', '내 가족은 왜 이럴까', '이 부탁을 다 들어주지 못해서 어쩌지?' 이렇게 생각하며 자신을 탓하고 계시다면, 당장 멈추세요.

　못 하는 건 못 하는 겁니다. 과도하게, 할 수 없는 것까지 무리해서 해주는 건 가족에게 좋은 일이 아닙니다. 가족에게 어떻게 해서든 좋은 것을 주려고 애써온 당신이라면, 오늘은 거절하세요. 오히려 필요한 만큼의 거절로 최적의 좌절을 주는 것이 가족의 정신 건강에 도움이 되고 가족 사이의 적정한 경계를 만드는 데 훨씬 중요한 역할을 합니다. 가족의 요구를 다 못 들어줘도 괜찮아요. 다 들어주는 가족은 다 들어먹습니다. 좋은 가족은 다 들어주는 존재가 아니라 최적의 좌절을, 서로의 배움과 성장을 생각하는 사람들입니다. 당신은 가족의 '지니'가 아닙니다. 지니조차도 세 번만 소원을 들어줍니다. 혼자 애쓰지 말고 정신 차리세요. 당신은 신이 아니라 가족이라는 걸 기억하세요.

# 갱년기 부부에게 필요한 6대 기술

**오늘도 이혼을 생각하는 당신에게**

부부 싸움에도 장점이 있습니다. 일단 소름 돋는 정확한 지적으로 나를 돌아보게 만들고, 상대의 싸움 방식을 알아가니 다음엔 내가 이길 확률이 높아지지요. 물론 배우자도 나의 모든 수를 읽었을 겁니다. 다툼은 고통스러운 관계 수업이라 최종적으로는 좀 더 지혜로워지고, 숱한 전투의 결과로 화해의 능력치도 높아집니다. 두 사람 사이에 있던 불균형을 조정하는 방법이기도 하니, 커플의 다툼은 서로의 가치와 욕구를 배우기 위한 수업료인 셈이죠. 거칠게 그리고 거침없이 배우는 거예요. 신혼부부나 동거커플의 경우는 화끈한 다툼 후에 사이가 더 돈독해지고 성적 관계가 왕성해지기도 하지요.

그래서 결혼 첫해의 '신혼 전쟁'을 회상하는 부부를 보면 이혼을 예상할 수 있죠. 행복한 결혼 생활을 하는 부부들은 불만족스러웠던 점이 있더라도 둘만의 추억을 즐겁게 떠올리는 반면, 불행한 결혼 생활을 하는 부부들은 좋았던 기억조차도 흠집을 내려고 작정합니다. 살아온 기억에 대한 부부의 해석 방식이 이들의 이혼 가능성을 점치는 중요한 기준이 되지요.

다행히 오랜 세월 함께 나이 들수록 부부 간 갈등은 줄고 정서적 안정성은 높아지는 경향을 보입니다. 나이 든 부부들은 감정을 덜 격렬하게 표현하고 불편한 개인적 기억을 내어놓을 때도 감정 강도가 낮습니다.[11] 그런데 중년을 넘어가며 더 치열하게 싸우는 부부도 있어요. 오래 같이 살았는데도 자주 싸우는 이유는 뭘까요? 일단 인지기능 저하 때문이죠. 이혼 시 재산 분할로 올 중년 빈곤을 예측하지 못할 뿐 아니라 서로의 좋았던 시절은 깡그리 잊고 고통의 순간만 기억합니다. 이렇게 계산 능력과 기억력이 떨어지면 답답함도 증가하고, 치밀어 오른 분노가 다시 계산 능력과 기억력을 떨어뜨려요. 중년기 부부 싸움은 거의 망가진 계산기끼리 싸우는 셈입니다.

싸우는 이유는 오만가지지만, 대개 중년이 되면 몸이 예전 같지 않고 힘이 달리니 누군가 도와주었으면 하는데 상대가 내가 원하는 만큼 도와주지 않는다고 느끼니 속이 터져 싸우지요. 또 여태까지 열심히 살았는데 그 기여를 인정받지 못했다는 억울함이 세월만큼 쌓였으니 자꾸 울분이 터지지요. 중년 부부의 전쟁은 일단 시작되면 뫼비우스의 띠처럼 반복되고 시시포스처럼 정상에 올랐다가도 다시 밑바닥으로 곤두박질칩니다. 그러니 프로메테우스처럼 매일 간을 쪼이듯 고통스럽지요. 뫼비우스야 기막힌 발명이고, 시시포스야 철학을 남겼으며, 프로메테우스야 인류를 이롭게 했지만, 중년기 부부 싸움은 몸을 둥글게 말아 서로의 뒤를 갉아먹는 동족포식과 같습니다.


## 반복되는 부부 싸움에서 벗어나는 싸움의 기술

오래 산 부부들은 마치 형제자매처럼 빈정거리는 일도 많습니다. 옛날 어디선가 보았던 유머가 떠오르네요.

할아버지와 할머니가 길을 가다 할아버지가 할머니를 업었다. 지나가던 사람이 "무겁지 않으세요?"라고 물으니 할아버지가 답했다.

"응, 무거워 죽겠어. 머리는 돌이지, 얼굴엔 철판 깔았지, 간은 부어 배 밖으로 나왔지."

한참 가다 이번엔 할머니가 할아버지를 업었다.

이번에도 곁을 지나가던 사람이 무겁지 않냐고 물으니 할머니가 말했다.

"아니, 가벼워. 머리는 비었지, 입은 가벼워 동동 떴지, 허파엔 바람 들었지!"


남의 이야기라면 웃음이 나지만, 내 배우자와 늙어가며 이렇게 서로를 비꼬고 있으면 못자리도 따로 하고 싶을 겁니다. 조롱이나 비꼬는 말투는 친밀감을 떨어뜨리고 신뢰를 약화시키고 오랫동안 마음에 남아 다음 갈등을 당겨옵니다. 부부 간 조롱은 서로를 때리는 것과 다름없습니다. 혀로 서로를 후려치는 것이지요.

하지만 싸움과 조롱 속에서도 많은 부부가 이혼보다는 결혼을 유지하기 위해 애씁니다. 정말이지 피나는 노력을 하죠. 이혼하는 부부들이 노력이 부족했거나 어딘가 모자란 구석이 있다는 생각은 오해입니다. 대부분 문제를 해결하기 위해 온 힘을 다해요. 이러한 부부들이 이혼으로 가기 전에 흔히 하는 시도 중 하나가 바로 존댓말입니다. 서로 쌍욕을 하던 부부가 갑자기? 존댓말을? 사실 갑작스러운 존댓말은 완전한 실패로 끝납니다. 오히려 저는 휴전을 권하죠.

　그럼에도 존댓말은 장점이 많아요. 일단 막말을 예방하고, 부부 싸움을 줄이는 데 기여합니다. 존댓말로 싸우는 일은 마치 정장을 입고 싸우는 것과 비슷하니, 좀 더 매너를 갖추고 서로의 인격을 보호하려는 노력이죠. 다만 존댓말로 더 열받게 할 수도 있죠. '너 님 잘나셨어요!', '밥 잘 쳐드신 우리 남편님은 먹기만 잘 먹고 왜 힘은 못 쓰세요?'처럼 말이죠. 평소에는 반말을 쓰다가 비꼴 때만 존댓말을 써서 조롱의 강도를 높이는 것이니, 안 하느니만 못합니다. 평소에 존대했다 하더라도 존댓말로 막말을 하는 순간 이미 존대의 의미는 사라진 겁니다. 이때는 일그러진 존댓말로 계속 싸울 게 아니라 잠시 휴전해야겠죠! 정신 나간 사람들처럼 싸우는 것보다 잠시 모르는 사람처럼 지내는 게 훨씬 낫습니다.

　시간을 바꾸는 것도 좋은 방법입니다. 당장 오늘 끝장을 보겠다고 달려드는 게 싸움을 반복하는 부부의 특징이죠. 그러나 지금까지 살아온 데는 이유가 있는 것이고, 싸우는 목표가 이혼은 아니니까요. 잠시 멈추어 감정의 김을 빼야 하고, 그래서 시간을 바꾸라는 겁니다. 그리고 맨정신으로 싸워야 합니다. 다툼의 열이 극에 달했을 때, 술을 마셨을 때 내린 결론은 형편없는 경우가 대부분이죠. 감정이 가라앉거나 맨정신이 돌아올 때까지 싸움의 결론을 미루어야 합니다.

　마찬가지로 장소도 꼭 바꾸어야 해요. 싸움을 줄이려고 쓰던 존댓말로 서로를 비꼬기 시작했다면 얼른 장소를 옮기세요. 안방에서 싸웠다면 적어도 거실로, 이왕이면 밖으로 나오길 권합니다. 할 수만 있다면 차라리 카페에서 싸우세요. 나이를 먹으면 남의 이목이 중요해지니 다툼의 수준도 언어 선택도 훨씬 정제되지요. 부부 싸움을 할 때 산책로를 택하는 건 자기돌봄이자 배우자를 위해 공격성을 낮추려는 배려입니다.

　만약 그래도 부부 싸움이 계속 반복될 뿐이라면, 다른 사람에게 도움을 청하세요. 내 편을 들어줄 사람을 끌어들이라는 게 아닙니다. 현명한 판단을 내려줄 사람을 찾아야 해요. 직접 만나건 전화를 걸건 상황을 알리고 도움을 청하세요. 싸움에 돌입하는 순간에는 서로를 공격하는 데 집중할 뿐 미래를 바라보지 못하죠. 전쟁 중에 공정이 어디 있고 돌봄이 어디 있겠습니까. 그러나 싸우는 동안에도 이 싸움의 목적이 '이혼'이 아니라는 점은 꼭 기억해야 합니다. 이혼하고 싶다면 싸울 이유가 없어요. 관계 회복의 길을 잃었을 때 다투는 거죠. 대개 싸움의 주제가 이혼으로 이어지기보다는 싸울 때의 부정적 감정이 이혼으로 직행하는 요인이 되지요. 이때 부부의 감정을 식혀줄 사람이 필요합니다. 다른 사람의 도움을 받는다면, 부부를 감정적으로 자극하지 않고 안정시키는 사람을 찾아야 해요. 그 사람에게는 정말 미안한 일이지만, 평화의 위인을 꼭 찾으시길 바랍니다.

## '감정연금'을 쌓고 갈등을 피하는 말하기

신혼에 싸우는 이유는 오만가지죠. 신발을 나란히 놓는가, 치약을 끝부터 짜는가 중간부터 짜는가 등 해묵은 부부들이 볼 때는 '그 정도는 약과다' 싶은 주제로 다투죠. 그러다 중년이 되면 싸움의 차원과 주제가 달라집니다. 싸움의 배짱도 좋아지고 주제는 하나로 맞춰져요. 수십 년의 노력에도 안 바뀌는 '너의 일관성'이 바로 그 주제죠.

이처럼 부부에게는 결코 해결되지 않는 영속적 갈등 주제가 있어요. 성격 차이라고 할 수도 있지만, 이러한 갈등은 자기 말만 하고, 듣고 싶은 것만 듣고, 상대방의 말은 부정하면서 점점 깊어집니다. 속사포로 서로를 비난하다가 상대를 포기하는 듯한 부정적인 말로 피날레를 장식하죠.

"당신이 하는 게 다 그렇지 뭐."

"그러는 당신은 뭘 그렇게 잘했는데."

"어쭈, 혼자 실컷 계~속 떠드세요!"


이런 대화가 오가는데 어느 집이 행복하겠습니까. 그런데 중년의 부부는 대부분 서로에게 딱히 할 말이 없습니다. 어제가 오늘이고, 오늘이 또 내일이 되는 경우가 많아요. 이는 누구의 탓도 아닙니다. 늘 해오던 말은 주의를 못 끄는 데다가 요즘은 각자 스마트폰과 연애하기 바쁘니까요. 소통도 카톡이나 문자로 하지 않습니까. 그런데 영국 옥스퍼드대학교 연구팀에 의하면 얼굴을 맞대고 대화를 나누기보다 디지털 기기를 통해 문자나 이메일 등으로 더 자주 소통하는 부부가 현재 관계에 대한 만족감이 낮은 것으로 나타났어요.

그렇다면 얼굴을 마주 보고 무슨 얘기를, 어떻게 하면 좋을까 싶지요. 중년 부부로 꿀 떨어지게 사는 몇 가지 방법을 알려드릴게요.

일단 지금부터라도 감정연금을 쌓아두세요. 평소에 긍정적인 감정을 많이 모아두라는 말입니다. 상대가 듣고 싶은 말, 칭찬에 준하는 말들을 힘써서 하는 겁니다. '잘생겼다, 코가 복코다, 요리가 백점이다, 목소리가 꿀이다, 당신이 제일 예쁘다, 자기의 이런 점이 정말 최고다'처럼 꿀송이 같은 말들을 자주 나누세요. 그 말 하나하나가 긍정적 정서가 되어서 배우자의 마음 은행에 쌓여요. 그렇게 가득 쌓인 잔고는 마음의 불을 끄고 서로를 용서하는 비용 으로 죽는 날까지 지급되는 거죠. 마음이건 현실이건 '자금력'이 중요합니다.

금지어 설정도 필요합니다. 해묵은 부부들은 상대의 약점을 너무 잘 알고 있어요. 싸울 때면 상대가 가장 싫어하는 말이 가장 먼저 나오죠. 바로 '게' 시리즈입니다. '학력도 낮은 게', '집안도 후 진 게', '얼굴도 못생긴 게', '뚱뚱한 게', '돈도 못 벌어 오는 게', '밤일 도 시원치 않은 게' 등 수많은 '게'들이 있습니다. 그래서 금지어 설 정은 중년 부부에게 더욱 중요합니다. 배우자의 성격, 능력, 집안 을 들먹이는 일은 금지입니다. '이혼해', '헤어져' 이런 말도 마찬가 지고요. 욕이 나올 것 같으면 입에 주먹을 욱여넣어서 틀어막으세 요. 수면 문제가 아니라면 각방도 피하시면 좋습니다.

마지막으로 하고 싶은 말보다 해야 할 말을 하세요. 하고 싶은 말이란 내 마음에 있는 말이고, 해야 할 말이란 그 상황에 맞는 말 입니다. 하고 싶은 말을 하면 마음은 시원할지 모르지만 문제가 발 생합니다. 하고 싶은 말은 대개 감정에 치우친 발언이라 자신의 감정이나 생각을 여과없이 표현하는 경우가 많죠. 이때 상대방의 입장이나 감정을 고려하지 않고 말하게 되어, 상처를 주거나 오해를 불러일으킬 수 있어요. 갈등 유발의 지름길이니 당연히 관계는 악화되고요. 화가 난 상태에서 감정적으로 말을 쏟아내면 결국 후회하죠. 우리 모두가 후회의 증인들이고요.

요즘에는 사람들이 도무지 지려고 하지 않아요. '내가 왜 져야 합니까?' 최근 몇 년 사이 상담 현장에서 너무나 자주 듣는 말이에요. 당하고 살아온 시간도 서러운데 남은 인생을 지면서 살 생각을 하면 눈앞이 노래지지요. 맞는 말입니다. 그러나 지지 않는 부부는 반드시 이혼합니다. 지지 않고 할 말 다하고 나면 속은 시원하지만 관계는 종 친 겁니다. 아시다시피, 서로 이기려 들면 신뢰가 손상되고 불필요한 긴장이 일상이 됩니다. 나의 억울함과 불편함을 모두 내어놓으며 구토를 하듯 감정을 쏟게 됩니다. 내 감정의 늪에 빠져서는 결코 타인을 볼 수 없어요. 그러니 상대에게 닿지 않을 말만 쏟아내고 혀는 화살촉이 되어 상대의 약점과 심장을 찔러대지요. 지지 않으려는 특성은 이기심과 연관성이 깊습니다.

하고 싶은 말 대신 해야 할 말을 하면 장점이 많습니다. 해야 할 말은 자신의 권리나 입장을 지키면서도 상대방의 감정과 상황을 고려한 발언이라, 상대방에게 무례하지 않게 필요한 메시지를 전달할 수 있죠. 나의 기분을 상하게 하는 행동에 상대를 비난하며 화를 내는 대신 "그런 행동은 조심해줬으면 좋겠다"라고 말하는 것은 상대방에게 명확한 경계를 설정하는 건강한 소통 방식입니다. 해야 할 말을 적절하게 하면 갈등 상황에서 문제를 해결할 수 있는 기회를 얻기도 해요. 감정에 휘둘리지 않고 이성적으로 대화를 나누면 오해가 줄어들고, 싸우는 대신 같이 해결책을 찾게 되니까요. 무엇보다 적절한 타이밍에 필요한 말을 하면 성숙하고 책임감 있는 사람으로 보이니 가족 내에서 신뢰와 존중을 쌓는 데도 일등공신 역할을 합니다.

요약하자면, 하고 싶은 말은 주로 감정적이고 즉흥적인 발언으로, 상대방에게 상처를 줄 가능성이 높고 관계를 악화시키지만, 해야 할 말은 상황과 상대방을 고려한 발언으로, 갈등 해결과 신뢰 구축에 도움이 되며 더 건강한 소통 방식을 제공합니다. 이게 쉬운 일은 아니죠. 다만 행복한 부부들, 특히 부부 만족도가 높은 부부들은 서로 인품이 대단히 좋아서 그런 것이 아니라 관계에 위기가 왔을 때, 어금니를 악물고 하고 싶은 말 대신 해야 할 말을 해냅니다. 감정의 문턱을 한 번만 넘으면 두 번은 쉬우니까요.

우리는 결혼이라는 쉽지 않은 선택을 했고, 이 결혼을 유지하기 위해 정말 애썼습니다. 인생에서 이혼도 하나의 답입니다. 그러나 살아가며 마주하는 불가피한 갈등 상황에서 서로를 사람답게 대하는 방법, 존경하지는 못해도 존중을 잊지는 않는 현명한 싸움의 기술들을 꼭 기억하시기 바랍니다!

# 착취적인 가족에게서 당장 도망쳐라
### '귀향증후군'에서 벗어나는 법

세상엔 공부하는 노력과 다정할 용기마저 아까운 가족도 있죠. 온 가족이 한 사람의 혈관에 빨대를 꽂은 것처럼 그에게만 희생을 강요하는 집이 간혹 있습니다. 그런데 이상하게도 그런 착취를 당하면서도 그 사람은 가족의 사랑을 갈구하며 생애를 착취적 가족에게 헌신하죠. 사례와 실명을 소개해도 좋다고 기꺼이 허락해준 남주 씨 이야기를 들려드릴게요.

41세 남주 씨는 2남 1녀 중 둘째 아들인데, 남주 씨 어머니에게 자식은 오로지 큰아들뿐이었습니다. 큰아들에게만 상다리가 부러지도록 상을 차리고, 큰아들 방에만 에어컨을 놓아주는 편애의 극치였죠. 남주 씨와 여동생은 '그 외 2인'이었을 뿐이고요. 남주 씨는 성실하고 헌신적이며 공부도 잘했지만, 어머니는 오로지 형의 대학 입시에만 몰두했습니다. 결국 형은 4수 끝에도 원하는 대학에는 진학하지 못했고, 남주 씨는 형보다 일찍 서울 소재의 대학을 입학하고 좋은 성적으로 형보다 먼저 졸업했어요. 어머니는 형이 졸업해서 돈을 벌 때까지 먼저 취직한 남주 씨에게 학비를 대라고 했어요. 부모에게 인정받는 것이 너무나 간절했던 남주 씨는 형이 졸업할 때까지 6년 동안 형의 학비를 대고, 그 후에도 3년간 취업 준비를 하는 둥 마는 둥 하는 형 대신 집안 경조사 비용을 감당했어요. 아버지는 늘 지방에서 일하며 자식이 셋인지 넷인지도 헷갈리는 분이셨고, 동생은 독립한다며 일찌감치 집을 나갔죠. 그렇게 13년째 형의 생활비를 대고 있던 남주 씨는 형이 결혼을 하지 않았다는 이유로 9년 사귄 여자친구와의 결혼을 허락받지 못하고 있었어요.

상담을 받으러 온 남주 씨에게 건넨 제 첫마디는 이거였습니다. "집에서 나오세요! 집에 대한 지원도 끊으세요! 그건 가족이 아닙니다!" 저는 아주 모진 사람일지도 모릅니다. 다만 분명한 건, 이 어머니와 형, 그리고 아버지가 몹시 착취적인 사람이라는 겁니다. 어머니는 남주 씨를 형의 인생을 위한 숙주로 삼고 있고, 형은 동생의 희생을 당연한 것으로 여기고, 아버지는 이를 방관했으니 이 세 사람 모두 공범입니다.

이런 착취는 심리적·실질적 학대죠. 둘째에게 일부러 인정받으려는 욕구를 자극해 늘 자신은 부족하다고 자책하게 만들고, 가족을 위해 노력하는 것이 당연하며 그것이 가장 의미 있는 일이라고 교묘하게 속이고 희생을 강요한 겁니다.

이상하게도 이런 착취를 당했던 사람들은 심각한 죄책감을 느끼고, 반대로 착취자들은 아주 뻔뻔합니다. 12회기 상담 후 남주 씨는 어머니께 매달 30만 원의 용돈만 드리기로 하고 독립을 했고, 얼마 전 부모님 없는 결혼식을 올렸습니다. 형은 그 결혼식에 얼굴도 비추지 않았고, 문자로 욕설과 모욕적인 말들을 퍼부었더군요. 그래도 나오길 정말 잘했습니다. 남주 씨는 독립할 때 무척 힘들어했어요. 죄책감 때문이었죠. 스톡홀름 증후군처럼, 인생의 가해자들 편을 들고 연민을 느끼고 있었어요. 남주 씨와 같은 경우를 귀향증후군The Going Home Syndrome이라고 합니다.

## 자신에게 상처를 주는 착취적인 관계를 반복한다면

귀향증후군이란 일종의 트라우마입니다. 어린 시절 부모는 너무나 크고 중요한 존재지요. 이러한 부모에게 무시당하고 비난

받고 일찍 부모화(아이가 부모나 형제들에게 부모처럼 행동하게 되는 역할 역전)되어 착취에 노출되었던 사람은 열심히 노력하면서도 자신을 그런 푸대접을 받기에 합당한 존재라고 정의해버려요. 부모는 내가 처음으로 관계를 맺은 대상이자 일순위였기 때문에 부모처럼 나를 비난하고 무시하는 사람을 만나면 그것이 잘못되었음을 알면서도 나도 모르게 그를 가깝고 중요한 사람으로 곁에 두게 되고요. 어려서부터 그런 말과 상황에 익숙해졌기 때문이에요. 특히 어린 시절에는 부모가 폭력적이고 날마다 다투어도, 심지어 나를 돌봐주지 않고 험하게 대해도 그것을 어떻게든 받아들이고 적응하려 합니다. 그러면서 '나를 사랑해서, 나를 올바르게 키우려고 때리는 거야', '내가 잘하면 나를 사랑해줄 거야', '내가 말을 안 들어서 엄마, 아빠가 싸우는구나' 하고 자신을 채찍질하면서 부모가 나를 사랑해주기를 목놓아 기다리죠.

잘못하면 이 관계가 연인 관계와 부부 관계에서도 반복될 수 있어요. 분명 머리로는 '난 절대 그렇게 안 살아'라고 생각하지만 착취적인 연애를 반복하고, 나를 옭아매는 관계에서 쉽게 벗어나지 못합니다. 어린 시절 가정에서 익혔던 관계 방식이 새로운 상대에 대한 끌림의 원천이 되어버린 겁니다. 관계 맺음 방식이 내가 태어나고 자란 어린 시절의 집, 고향으로 돌아가는 '귀향'의 패턴을 반복한다고 하여 귀향증후군인 거죠.

남주 씨에게도 연인과의 관계에서 귀향증후군이 보이더라고요. 상담 14주차부터 파트너와도 상담을 시작했죠. 상담이 21주차에 이르렀을 때 독립을 했고, 30주에 이르렀을 때 결혼을 했어요. 지금 남주 씨는 어느 때보다 행복하게 살고 있습니다.


## 착취적인 가족을 만난 것은 당신 잘못이 아닙니다

착취적인 가족 속에 살면 늘 사랑에 목마릅니다. 아무리 노력해도 인생의 피를 빼는 사람들의 목은 축여지지 않습니다. 이럴 땐 주저 없이 도망 나와야 합니다. 그러한 가족을 만난 건 운이 없었을 뿐, 당신의 잘못이 아닙니다. 그리고 그 집을 나오는 건 가출이 아니라 탈출이고요. 남주 씨처럼 착취적인 가족과 가까이 지낸다면, 무조건 분리해야 합니다.

그리고 가족이 없는 나만의 삶을 시작하세요. 나만의 삶을 꿈꾸며 자주적인 힘을 가져야 나를 짓누르던 억압에 대항할 수 있어요. 차별적인 부모는 놀라울 정도로 힘에 취약합니다. 남주 씨 어머니는 아직도 남주 씨를 은혜를 모르는 못된 자식이라고 욕하고 다니지만, 결코 전처럼 대하지 못하지요. 남주 씨는 부모를 당분간 만나지 않기로 했습니다. 가족에 대한 연민과 남아 있는 죄책감에 대한 통제력이 충분해질 때까지 말이지요.

착취적이면서 통제적인 가족과 살아온 분들에게 말씀드립니다. 착취적인 부모가 대했던 방식으로 나를 대하지 마세요. 내 마음을 지배하고 있는 착취적인 부모의 말이 계속 메아리처럼 들리면서 감정을 후려칠겁니다. 그럴 땐 귀를 막고 고개를 흔드세요. 당신의 말과 착취적인 부모의 말을 구분해야 합니다. 그들의 강압적인 말이 오랫동안 나에게 익숙한 삶의 등불이었지만, 더 이상 내 것이 아니라 선언하고 선을 확실히 그어야 합니다. 그리고 분명히 말씀드리건대, 당분간은 절대 만나시면 안 됩니다. 지배-복종 구조 속에 살았던 분들은 만나는 순간 그 구조가 되살아나기 때문이죠. 죄책감을 느끼라는 소리가 안 들리는 순간까지 상종하지 마시기 바랍니다. 사과를 받고 싶더라도 5년 뒤에나 받으세요. 물론 사과하지도 않겠지만요.

대신 스스로를 환대하세요. 당신은 가치 없거나 착취당해도 되는 사람이 아니라, 매우 아름다우면서도 안쓰러운, 모든 상황을 뚫고 여기까지 온 사람이라는 걸 기억하세요. 부당한 착취와 폭력을 견뎌낸 당신은 '생존자'입니다. 게다가 당신은 부모가 낳은 자녀

이기 이전에, 멋진 삶을 온전히 살아가기 위해 태어난 존귀한 존재라는 점을 기억하세요. 자신의 삶을 꿈꾸며 힘을 기르세요. 착취적 가족 대신 자신을 부양하세요. 스스로를 예뻐해주고, 누구도 신경 쓰지 말고 나만의 꿈을 꾸는 겁니다. 내가 먹고 싶은 음식도 먹고, 가고 싶었던 곳으로 출발해보세요.

고기도 먹어본 사람이 잘 먹는다고 하죠. 스스로를 살핀 적이 없는 사람들은 처음 입어본 남의 나라 전통 의상처럼 자기돌봄을 낯설어합니다. 그러나 새로운 출발은 옳은 것이자 기쁜 것이며, 이미 마쳤어야 할 숙제입니다. 가족의 그늘 아래 어둡게 보냈던 당신이 다시 햇볕을 받으며 양지의 기쁨을 느끼고 새의 노래와 꽃내음을 만끽했으면 좋겠습니다.

스스로를 환대하는 일은 방법만 안다면 매우 쉽지만, 착취당하는 데 익숙해 자기돌봄이 낯선 사람들에게는 어려운 과제일 수도 있습니다. 이 책이 여러분에게 자신을 돌보는 마음의 지도가 되기를 바라봅니다.

# 관계를 편안하게 유지하는 에너지 분배법
### 80퍼센트 그룹, 50퍼센트 그룹, 30퍼센트 그룹

'인생에 친구 셋만 있어도 성공한 인생'이라는 말이 있지요. '세 친구가 길을 걸어가면 그중에 한 명은 선생이다'라는 말도 있지만, '그런데 그 선생이 너는 아니야!'라고 외치고 싶을 때도 많고요. 웃자고 한 이야기지만, 인생에 함께 걸어갈 친구 셋이 있다는 것은 정말 대단한 일이지 않습니까. 그러나 동시에 나이 들면서 점점 올라오는 감정은 '혼자가 편하다'일 겁니다. '누군가에게 맞추고, 눈치 보면서 먹고 싶은 메뉴도 맘대로 고를 수 없는 인생, 이게 사는 거냐!' 그냥 혼자 사는 게 편하다고 생각하시는 분들도 많고요.

그런데 우리는 '죽고 싶지만 떡볶이는 먹고 싶지요.' 혼자가 편한데, 또 외로운 건 싫단 말입니다. 마음이 너무 불편하고 혼자 있고 싶다고 하시는 많은 분들이 계속 사람들과 관계를 이어나갑니다. 우리 마음은 도대체 왜 이럴까요? 내가 너무 예민하고 복잡한 사람이라 그럴까요? 인생에 인간관계를 정리할 기준이 있다면 관계의 상처와 고통에서 해방될 수 있을 겁니다.

혼자가 편하다고 생각하는 분들은 대개 이렇게 말합니다. "인간관계에 완전히 지쳤다", "나이가 드니 다른 사람들에게 맞추고 사는 게 싫다". 인간관계에서 환멸을 경험하고 나온 외침일 겁니다. 관계 환멸의 깃발이 마음에 꽂히기 전에, 이 분들도 관계를 위해 부단히 노력하셨을 겁니다. '이게 제 간입니다', '이게 제 쓸개입니다' 하면서 내 안에 있는 것들을 다 내어주셨을 수도 있어요. 나의 손해를 감수하고라도 관계를 지키려고 애써온 것이죠.

그런데 관계에 진심인 사람일수록 타인에게 받는 상처도 큽니다. 실망도, 후회도 무척 많이 했을 겁니다. 상처는 켜켜이 쌓이고 마치 페이스트리 빵처럼 하나의 덩어리를 이루어 나의 감정 양식으로 굳어지고, 결국 이런 처절한 경험들이 쌓여 '나이 들수록 혼자가 좋다!'라고 말하게 된 것이지요.

물론 혼자가 편할 때가 있지요. 누구에게나 나만의 쉼이 필요하고, 이때 혼자 있는 것은 생존을 위한 쉼표이기도 해요. 그런 의미에서 한시적 별거인 졸혼도, 한시적 자연인도 찬성합니다.

다만 상담을 하면서 만난 '혼자가 편하다, 계속 혼자였으면 좋겠다'라고 말씀하시는 분들은 대부분 삶에서, 관계에서 지속적 절망을 경험하신 분들이었습니다. 사실 혼자가 편한 게 아니라 다른 사람들과 같이 있는 게 불편한 것이지요. 개인의 성격 문제나 성향 때문에 그런 걸까요? 저는 그렇게 보지는 않습니다. 누군가의 선택의 이유를 이해하려면 그 사람을 둘러싼 주변 환경을 살펴야 합니다. 인간은 자세히 보고 오래 보아야 그나마 일부를 알 수 있는 존재니까요.

## 나에게 적정한 관계 온도를 찾아야 한다

인간은 항온동물이고 사람[人]은 서로 기대는 모양을 하고 있으니, 보통의 경우라면 사람의 온기를 피해 골방에 들어앉으려고 하진 않습니다. 물론 혼자 있어도 괜찮은 유형은 있지요. 자타공인 조절력이 뛰어나고 독립의 능력을 갖춘, 이른바 관계탄력성이 높은 분들이지요. 탄력성이란 고무줄을 잡아당겼다가 놓았을 때 원래 모양으로 되돌아가는 힘을 말합니다. 인간관계에서 관계탄력성이란 혼자 있다가도 필요한 순간이 되면 다른 사람들과 언제든 함께할 수 있는 성향이죠. 붙고 싶을 땐 붙고 떨어지고 싶으면 떨어질 수 있는 담대함과 용기를 갖춘 겁니다. 물론 이기적으로 굴면서 욕을 먹지도 않는 균형 감각도 있고요.

반면 사람보다는 동물이나 물건을 품고 사는 분들도 계시지요. 이를테면 '아, 인간관계가 너무 힘들어. 차라리 영화가 내 친구야'라는 분들이요. 그 외에도 '나는 책만 있어도 즐거워', '강아지랑 있는 게 제일 편안해', '고양이와 함께 사는 게 행복해' 이렇게 방식이나 대상은 다양할 수 있어요. 이를 통해 인간관계에서 느끼는 충만함까지 얻죠. 사람이 아니더라도 책이나 영화, 동물 같은 사람이외의 존재가 있고 그 존재가 소중하고 편안하다면 괜찮습니다. 완전한 단독자가 아니라면 나쁘지 않아요. 그러나 조심해야 할 부분이 있습니다. 독립을 선택했다가 고립으로 고통받는 분들도 많기 때문입니다. 혼자 남겨진 채 무기력하게 보내는 시간은 독약과 같습니다.

인간은 본능적으로 온기를 향합니다. 그래서 관계의 공기를 마시고 타인의 곁에서 존재를 덥힙니다. 함께 먹고 마시고 숨 쉬는 사람들과 온도를 주고받으며 마치 혈액이 온몸을 돌듯 서로를 지탱해줍니다. 이 온도가 새롭고 넓게 순환할수록 심리적 상쾌함이 커진다는 건 분명합니다. 그러니 내 자존의 온도가 얼마인지 알아야 합니다. 인간은 조금만 체온이 높아져도, 반대로 조금만 낮아져도 대단히 취약해지지요. 나의 관계 온도를 적절하게 유지하는 것이 나와 내 곁의 사람들을 살리는 방법이기도 합니다. 나에게 꼭 맞는 관계 온도를 가진 가족이나 친구가 옆에 있다면 축복이겠지요.

이런 걸 관계항상성Relational Homeostasis이라고 부릅니다. 항상성이 일정한 상태를 유지하는 특성이라면, 관계항상성은 관계 안에서 정서적 안정과 조화를 유지하려는 심리·사회적 메커니즘이라고 보시면 됩니다. 체온은 약 36.5도로 유지되고 그보다 너무 높거나 낮으면 신체에 문제가 발생하지요? 마찬가지로, 관계에서도 지나친 갈등이나 과도한 친밀감은 불균형을 초래할 수 있습니다. 관계항상성은 이러한 극단을 피하고 적절한 거리와 친밀감을 유지하려는 노력입니다. 그러니 너무 힘들다 생각이 들 때에는 거리를 두고, 어느 정도 회복이 되고 견딜 만하다 생각하면 다가가는 거지요.

중년이 되면 과하지만 않으면 서로 용서가 되지요. 그걸 관용이라고 부른다면 관계 관용도 세월을 거치며 늘어나는 듯합니다. 그러니 너무 염려마시고 힘들 때 가끔 쉬세요. '관계 휴가'라고 생각하면 어떨까요?

## 나는 왜 관계에 쉽게 지칠까?:
## 관계 스트레스가 많은 유형들

그러나 나에게 적정한 관계 온도를 찾는 것, 관계 항상성을 유지하는 일은 쉽지 않습니다. 언제 온도의 불균형이 찾아오는지 아는 것도 마찬가지고요. 나이 들수록 기존의 관계를 유지하거나 새로운 사람을 만나는 일도 전보다 어려워집니다. 그러니 남의 기분을 맞춰가며 전전긍긍하느니 아예 혼자가 낫다고 들어앉는 것이죠. 관계 항상성을 유지하며 지치지 않고 관계를 이어가는 방법, 어디 없을까요?

먼저 우리가 관계에 쉽게 지치는 이유를 알아야 해요. 첫 번째는 관계의 기대 평균값이 너무 높은 경우입니다. 쉽게 말하면 눈이 너무 높은 겁니다. 다가가려 해도 내가 변변치 못한 친구라는 느낌을 받게 되고 자존감마저 떨어뜨리니, 주변에서도 친해지기 어렵죠. 다른 사람을 밀어내는 사람은 본인이면서, 아이러니하게도 스스로 거절감을 많이 느끼고 외롭다고 생각해요. 관계의 기대 평균값이 높은 탓에 그에 만족하는 사람이 곁에 있을 리 없고, '내 주변에는 왜 이런 사람들만 있나' 하는 생각까지 듭니다. 결국 다른 사람들을 기분 나쁘게 하면서 본인도 많이 지치는 유형입니다.

다음으로는 인정욕구가 너무 큰 경우입니다. 이런 분들은 상대의 인정을 받기 위해 관계의 시작부터 너무 많은 에너지를 써요. 노력한 만큼 나에게 페이백 서비스가 올 거라 생각하고, 내가 원하는 것을 받을 때까지 멈추지 않는 폭주기관차처럼 달립니다. 그러나 인정욕구는 큰 반면 능력치는 작은 경우가 많기에, 내 능력을 넘어서는 과잉 친절을 베풀거나 무리하게 노력하기 쉽습니다. 그런데 노력한 만큼 돌아오는 게 없다고 느껴 결국 이런 고백을 하게 됩니다. '나는 관계에 지쳤어.'

한편 에너지의 절대량이 작아서 관계에 지치는 분도 있어요. 얼굴만 봐도 그냥 힘없어 보이는 분들이요. 이런 경우는 인간관계가 넓고 많으면 금방 지칩니다. 반대로 좁고 짧게 만나는 편이 좋은데, 살다 보면 내 에너지대로 살아갈 수 없는 게 현실이잖아요. 이때 에너지가 적은 분들은 관계에 빨리 지쳐서 관계를 서둘러 철회하는 경우도 생겨납니다.

나와 부모, 즉 나와 어린 시절 주양육자와의 부정적인 관계 패턴이 성인기까지 이어져 특정 관계에서 반복적이고 치명적인 문제를 안고 있는 분도 있습니다. 심리학에서는 이걸 대상관계Object Relations라고 불러요. 이를테면 어렸을 때 폭력적인 아버지 밑에서 매를 맞고 성장한 경우, 새로 만난 사람이 아버지의 폭력성과

눈곱만큼이라도 닮은 모습을 보이면 아버지와의 관계에서 보였던 움츠러드는 반응을 그 관계에서 반복하게 됩니다. 이런 관계가 건강할까요? 절대 그렇지 않죠. 주양육자와의 관계에서 치명적인 아픔을 겪었던 분들도 인간관계에서 많은 어려움을 겪습니다.

그렇다면 관계를 쉽게 시작하고 유지할 수 있는 방법은 정녕 없는 걸까요? 안타깝게도, 그런 비법은 없습니다. '관계가 편안하다'는 건 '안정감이 있다' 혹은 '균형을 이루고 있다'는 뜻이겠지요? 그만큼 관계를 잘 관리했다는 겁니다. 말인즉 내가 원하는 만큼의 관계를 갖고 유지하려면 그만큼의 에너지를 들여야 한다는 겁니다. 나에게 알맞은 양의 에너지를 들여서 충분한 온기를 얻는 안정적인 관계를 유지하는 것이 곧 '지치지 않고 편안하게' 관계를 맺는 것이지요. 그렇다면 인간관계에서 나의 에너지를 어떻게 분배하면 좋을까요?

## 에너지를 효율적으로 분배하는 인간관계 분류법

지금부터 참 치졸하지만, 솔직한 이야기를 해보죠. 나의 에너지는 한정되어 있는데 살펴야 할 관계는 많을 때, 인간의 머릿속에서는 자기보호를 위한 이기적 계산기가 자동으로 돌아갑니다. 자연스럽게 더 신경 써야 할 그룹과 덜 신경 쓸 그룹을 나눈단 말입니다. 각각 중요하긴 합니다만, 관계의 균형을 유지하며 인간관계를 두루 잘 맺는 사람들에게 물어보니 이런 결론이 나오더군요.

제일 먼저 나의 에너지를 80퍼센트 이상 쏟아야 하는 그룹들이 있어요. 첫째는 내가 추종하는 그룹이죠. 내가 꼭 따라가야 하고 따라가고 싶은 사람들이니, 당연히 에너지를 쏟아야 하고 쏟고 싶은 그룹입니다. 둘째는 인격적 그룹이에요. 내게 어려운 일 있으면 제일 먼저 달려오는 사람들이지요. '나한테 이런 일이 있었어'라고 이야기하면 내게 공감하며 위로해주고, 도와줄 땐 정말 전심전력으로 도와주지요. 셋째는 멘토 그룹입니다. 멘토 그룹은 내가 추종하는 사람들이기도 하지만 그 속에서 내가 성장하면서 감동까지 받는 그룹이지요.

다음은 에너지를 50퍼센트 정도만 쏟으면 되는 그룹입니다. 바로 서로 추종하는 사람들이죠. 대개 동호회, 동창과 같은 관계입니다. 다행히 동호회나 동창은 자주 모이지 않지만, 적어도 내가 그룹의 소속원이라는 걸 보여줘야 하지요. 열 번 모이면 최소한 여섯 번 이상은 나가야 소속원으로서 그들의 대화에 참여할 수 있잖아요. 비정기적이고 선택적인 그룹이지만 나도 어느 정도 공을 들여야 유지되는 관계이기 때문에 50퍼센트 그룹이라고 말씀드립니다.

마지막은 에너지를 30퍼센트만 쏟아도 되는 그룹입니다. 나를 추종하는 사람들이죠. 쉽게 말하면 내가 굳이 연락하지 않아도 나한테 전화해주는 사람들이에요. 내가 필요하기도 하고 나를 신경 써주는 그룹이거든요. 사실 생각해보면 이들은 정말 고마운 사람들입니다. 나를 받아주며 괜찮다고 칭찬하는 그룹은 안정감과 인정욕구까지 채워주는 거거든요. 중요하고 고마운 그룹이지만 역설적으로 이들에게 에너지를 많이 쏟지는 않는다는 사람들이 많았습니다. 이 30퍼센트는 유지하는 힘이기도 하지만, 그만큼 관계의 긴장도가 낮다는 의미이기도 합니다.

그럼 가족은 어느 그룹일까요? 나의 인정욕구를 채워주는 그룹이자 인정받고 싶은 그룹이지요. 간절한 그룹이자 늘 그 자리에 있는 그룹이고요. 그렇기 때문에 좋기도 하면서 불가피하기에 굉장히 피곤한 그룹이 가족이에요. 게다가 가족은 서로 의무를 부과하면서 어이없게 성질까지 내지요. 앞서 말했듯 가족이란 그룹은 언제든 회복할 수 있는 관계라고 생각하고 편안하게 느끼니 일상적 공격성이 높습니다. 긴장의 끈을 놔버리는 거죠. 회복 가능하다고 믿고 가장 편안하기에 가장 아프기도 합니다.

편의상 중요도와 에너지를 묶어서 80퍼센트 그룹, 50퍼센트 그룹, 30퍼센트 그룹으로 나누었다면 이제 관리 방법을 살펴야겠지요. 먼저 80퍼센트 그룹의 소중한 사람들을 놓치지 않는 방법을 말씀드릴게요. 첫째, 생일은 꼭 챙기세요. 기쁨을 공유하는 시간을 갖는 겁니다. 요새 선물 쿠폰 같은 거 많이 보내시지요? 선물만 달랑 보내지 마시고 짧은 메모도 꼭 한 줄 쓰시기 바랍니다. 인간은 마음이 담긴 글자 속에서 더 많은 감성을 느끼니까요. 선물은 마음을 전하는 과정입니다. '네가 내 친구여서 너무 고마워.' 이렇게 한 문장이라도 써서 보내보세요. 후회 없는 훌륭한 선택이고 미소로 돌려받는 좋은 고백입니다. 둘째, 무슨 일이 생기면 되도록 알리세요. 상대가 나에게 반응하게 만들면서 상대에게 나의 정보를 끊임없이 알려주는 방법입니다. 그 친구의 머릿속에 나라는 존재가 항상 있도록 하는 거지요. 어느 정도 신경 쓰이게 해야 되는 겁니다. 셋째, 그중에서도 좋은 일은 반드시 전하세요. '나 이런 좋은 일이 있었는데 네 생각이 제일 먼저 나더라' 이렇게요. 흡사 연애의 꿀팁과 같습니다. 연애를 잘하는 사람들이 친구들과도 잘 지냅니다. 사랑도 우정도 사람의 마음을 만지고 살피는 과정이니까요. 넷째, 상대방이 무슨 일이 있다 얘기하면, 특히 슬프고 아픈 일이라면 제일 먼저 찾아가시기 바랍니다. 경사와 애사가 있다면 저는 애사를 꼭 챙기라고 말씀드립니다. 그 사람이 처한 슬픔 속에 함께 있는 것, 머물러주는 것을 심리학에서는 위드with 경험이라고 불러요. '제가 당신 곁에 함께하고 있습니다'라는 표현이지요. 열과 성을 다해 가까이 지내고 싶은 사람이라면 귀찮고 힘들어도 애사에는 꼭 함께하시기 바랍니다.

다음은 50퍼센트 그룹과 잘 지내는 방법입니다. 첫째, 그룹 안에서의 관계를 유지하면서 개인적인 관계도 맺으세요. 그룹 내에서 개인적으로 마음이 잘 통하는 이들에게 가끔씩 안부를 물으라는 겁니다. 둘째, 요청하면 반드시 반응하세요. 먼저 다가갈 필요는 없겠지만 누군가 요청하면 꼭 응답하시기 바랍니다. 상황이 여의치 않다면 '내가 지금은 어려운데 다음번에는 꼭 이렇게 할게'라고 다음을 기약하면 좋습니다. 상대에게 믿음을 주는 약속이기도 하고 마음의 연결점을 이어가는 과정이기도 합니다. 셋째, 이모티콘 같은 사소하지만 기억에 남는 방법으로 내 감정을 표현하는 것입니다. 이건 50퍼센트 그룹 사람들에게 오랫동안 각인되는 방법이기도 합니다. 어떤 이모티콘을 쓸 때마다 내가 생각이 나도록 하는 겁니다.

마지막으로 30퍼센트 그룹에서는 명심해야 할 것이 있습니다. 내가 이 그룹에 에너지를 조금만 투자하고 있다는 걸 절대 들키면 안 돼요. 그림을 공들여 그려도 공들인 티가 나지 않아야 감상하는 예술이 되지요. 들키지 않으면서 잘 지내려면 첫째, 단어와 문장 표현에 신경을 써주세요. 요즘은 오프라인보다 온라인으로, 말보다 글로 일상적인 대화가 주고받습니다. 그러니 글 표현에 신경을 쓰시면 좋죠. 둘째, 그룹 내에서 좋은 일이 있다면 뒤늦게라도 반응을 해주셔야 존재가 사라지지 않습니다. 마음 표현을 너무 고민할 것 없이, 다른 사람들이 축하한다 말하면 그 반응에 맞춰서만 반응하시면 됩니다. 참여하지만 드러나지 않게끔 하고, 드러나지 않지만 내가 거기 있음을 알리는 겁니다. 30퍼센트는 존재가 가볍거나 의미 없다는 뜻이 아닙니다. 나의 에너지를 분배하는 정도를 말씀드리는 겁니다.

**3장**

# "나이 들수록 우정은 중요해진다"

### 친구와의 관계

## 사랑은 독점적이고 강렬하지만,
## 우정은 보편적이고 찬란하다

'사랑에 빠진 게 죄는 아니잖아!' 유명 드라마의 대사처럼, 우리는 죄 없는 사랑을 했고 평생의 약속으로 누군가와 살고 있을지도 모릅니다. 그러나 나이를 먹으니 낭만이고 나발이고 사랑은 암반을 울리는 메아리처럼 희미해진다고 말하는 분들이 계시죠. 물론 여전히 사랑하죠. 그리고 여전히 사랑하고 싶죠. 다만 나이 들면서 '의리'로 산다는 분들이 많아지네요. 농담조의 말이지만, 오랜 사랑은 우정의 의미를 담게 된다는 말인 듯합니다. 하지만 사랑과 우정은 본질적으로 차이가 있어요.

사랑의 특징은 역시 독점성입니다. '넌 내 거야', '널 뺏길 수 없어' 같은 말은 배타적 소유욕을 보여주지요. 사랑하는 사람에게 목숨까지 거는 분도 있죠. 물론 나중에는 땅을 치고 후회한다 해도 말입니다. 처음 사랑에 빠졌을 때에는 이 사람이 아니면 안 된다는, 이 사람이어야만 한다는 확신이 들죠. 그렇기에 뺏길 수도, 양보할 수도, 포기할 수도 없었습니다('그때 포기했어야 했는데'라고 생각하시는 분들, 이미 늦었습니다!). 사랑의 이름으로 독점적인 애정과 헌신을 기대하고 요구했죠. 다른 사람에게 눈을 돌리는 순간 비극이 시작됐고요. 질투도 했고, 나를 홀로 남겨둘 때는 그 사람이 야속하기 그지없었습니다. 이 강렬함, 그리고 이 복잡한 심정을 모두 모아 '사랑'이라 합니다.

'강렬한 사랑, 깊은 사랑, 독한 사랑'처럼 사랑은 자주 극단적이고 강한 단어와 연결됩니다. 그만큼 감정의 깊이가 깊기에 서로 간에 마음과 몸, 그리고 영혼을 공유하며 심연의 감정으로 들어가지요. 이런 깊은 감정 경험 때문에 사랑에 빠진 사람들은 서로에게 특별한 의미와 가치를 부여하게 됩니다. 또한 사랑은 둘 사이의 매우 개인적인 연결입니다. 함께 나눈 추억과 행복과 고통 모두 둘만의 것이라 생각하죠. 이런 유대감 때문에 조금이라도 흐트러지면 크게 상처받는 겁니다.

## 독점적 사랑을 지배하는 것은 호르몬이다

그런데 이런 사랑의 오묘한 특성들이 다 호르몬 때문인 거 아십니까? 아, 그놈의 호르몬! 그중에서도 상대를 보고 첫눈에 반하게 만드는 호르몬이 바로 '도파민'이죠. 막 사랑에 빠진 연인들은 도파민이 왕성히 분비되어 얼굴만 봐도 절로 웃음이 나고 만사가 행복하고 기쁨이 넘칩니다. 물론 맛있는 음식을 먹거나 운동을 하거나 기분 좋은 음악을 들어도 도파민은 나오지만, 사랑을 할 때만큼은 결코 아닙니다. 도파민이 한창 나올 때가 아주 좋을 때입니다.

그러다 페닐에틸아민PEA이 분비되면 아주 난리가 나죠. 흔히 '콩깍지 호르몬'으로 불리는 페닐에틸아민은 사랑에 눈이 멀게 만듭니다. 뭘 해도 예뻐 보이고, 평범한 자기가 그렇게 잘생겨 보이죠. 아이고, 결점이라고는 찾아볼 수 없게 되는 사랑의 콩깍지가 씌는 겁니다. 페닐에틸아민이 분비되면 이성이 마비되고 유쾌함에 쾌감까지 느껴져 힘든 줄도 모르고 상대를 향해 달려가게 됩니다. 그래서 페닐에틸아민을 '천연 각성제'라고 불러요. 밤새 전화를 붙잡고 잠을 안 자도 피곤하지 않게 되죠. 사랑이 시작되고 2~3년까지는 퐁퐁 나오니, 그렇게 서로 세월로 묶이는 거지요. 만난 지 얼마 안 된 연인을 보며 '아, 좋을 때다' 이렇게 말씀하시는 분들 계시지요? 그런데 페닐에틸아민은 늘 새로이 분비될 수 있는 호르몬이랍니다. 가물어 메마른 땅에도 언제든 단비가 내릴 수 있는 겁니다.

그러다 서로를 만지기 시작하면 옥시토신이 마구 분비돼요. 옥시토신은 원래 '일찍 태어나다'라는 뜻의 그리스어에서 온 말이에요. 아이를 낳을 때 옥시토신 분비가 원활해야 아이가 쑤욱 나옵니다. 스킨십을 하면 옥시토신이 왕성하게 분비되면서 극강의 친밀감을 만들어냅니다. 아주 죽고 못살게 되는 거죠. 몸도 마음도 서로를 향해 미친 듯이 달려가니까요. 그다음은 엔돌핀입니다. 기분을 좋게 만들고 통증도 감소시키는데, 시간이 지나도 잘 분비되는 호르몬이라 사랑을 유지하는 데 이만한 게 없죠. 엔돌핀은 서로를 돌보는 호르몬이라고 보시면 됩니다. 낭만적 사랑은 노래처럼 삶을 윤택하게 하죠.

온종일 서로를 향하게 만드는 굴지의 호르몬들 때문에 사랑은 강렬한 만큼 이별도 고통스럽지요. 그래서 요즘 데이트폭력에 관한 뉴스들을 자주 접하는데, 길 잃은 사랑의 독점욕이 어떻게 흑화하는지를 보여주는 경우입니다. 기억하세요. 단 한 사람이 내가 원하는 모든 것을 줄 수 없고, 줄 의무도 없습니다. 사랑하는 사람을 통해 자신의 삶을 채우려는 것은 마을 전체가 제공해야 할 것을 한 사람에게 요청하는 것과 같아요. 외로우면 친구를 만나고, 쓸쓸하면 운동을 하세요. 마음이 못 견디게 힘들면 전문가를 만나란 말입니다. 생명은 소속이 없어요. 기억하세요! 그 사람은 당신의 사람이 아닙니다!

사랑하니까 통제하고 때린다는 말에 수긍하는 분들도 계시던데, 정신 차리세요. 폭력은 무조건 폭력입니다. 어떤 경우에도 사랑은 상대를 구속하거나 고통을 가하는 게 아니에요. 스스로 신음하는 일이 있어도 상대를 아프게 하지는 말아야 합니다. 사랑의 미명하에 상대의 생명을 겁박하거나 삶을 구속하는 일은 없어야 해요. 다시 한번 말합니다. 그건 범죄입니다!

## 길어진 인생, 삶을 지탱하는 우정의 힘

아, 그런 면에서 우정은 나이 들어 더욱 찬란합니다. 우정, 영어로 friendship, '친구friend'와 함께 '배ship'를 탄다는 뜻이니 친구는 인생 파트너라고 할 수 있을 겁니다. 우정은 사랑과 달리 다자관계가 가능하고 보편적이며 심리적 웰빙에 매우 중요합니다.

우정은 정신건강의 중요한 축이에요.

친구는 사회적 연결의 첫 단추이기도 하죠. 친한 친구가 있는 사람은 삶에 더 만족하고 우울증에 걸릴 가능성이 낮아요. 대신 친구가 없거나 친구 관계가 좁은 사람들은 질병이나 환경적 요인으로 인한 조기사망률이 두 배나 높고, 외로운 상태는 하루에 담배 15개비를 피우는 것만큼이나 위험하다지 않습니까.[12]

친구는 인생을 윤택하게 하는 참기름 같죠. 나와 다른 시선과 관점을 가진 친구는 내 생각을 확장하고 새로운 세상을 보게 합니다. 나를 믿어주고 기꺼이 칭찬해주는 사회적 동반자가 되어주지요. 딱히 조언을 주지 않더라도 늘 옆을 내어주는 넉넉한 나무 같은 친구도 있습니다. 속마음을 편하게 털어놓을 수도 있고요. 게다가 좋은 일이 있으면 함께 기뻐하고 축하해줍니다. 인생의 휴양지, 오아시스 같은 존재라고 해야겠지요.

친구는 인생의 청량제 같은 존재이지만, 독점적인 관계를 맺는 경우는 드물어요. 대개 친구는 다른 친구들과 공유하지요. 일종의 공공재랄까요. 사회적 연결망의 한 축으로 작용하면서 나의 친구로만 존재하는 게 아니라 다른 사람들에게도 친구가 될 수 있지요. 물론 서로 경쟁도 하고 질투도 하지만, 우정을 기반으로 한 질투는 대개 나를 성장시키는 경우가 많아요.

요즘 유튜브를 보면 쇼펜하우어 선생의 글을 내세우면서 '손절'을 부르짖는 내용이 많더군요. '그런 친구 만나지 마라', '이런 친구는 바로 끊어내라' 같은 썸네일이 가득합니다. 쇼펜하우어 선생의 말씀처럼 손절해야 하는 관계도 있지요. 다만 그때는 맞았지만 지금은 다른 점이 있다고 말씀드립니다.

쇼펜하우어 선생은 1788년에 독일에서 출생하여 1860년에 돌아가셨죠. 1875년 독일인의 기대수명이 35세였음을 고려하면[13] 그 시절엔 지금의 중년에 이르기도 전에 인생을 정리해야 했지요. 그러나 몸의 이곳저곳을 고쳐가며 무병장수를 꿈꾸는, 100세가 기본인 지금 시대와 그때가 같을 수 없지요.

오히려 저는 지금을 네트워크의 시대라고 부릅니다. 지금은 손절할 사람을 고를 게 아니라 연결을 통해 망을 형성해야 합니다. 관계의 망, 사회서비스의 망, 의료의 망 등 수많은 망이 나를 지탱해주고 생존하며 번영하게 만드는 중요한 바탕이 되었기 때문이지요. 그중 관계의 망은 나의 노력으로 넓혀갈 수 있습니다. 손절할 분은 알아서 손절하세요. 그러나 앞으로의 삶, 남은 생애를 생각한다면 우정은 오히려 강화되어야 맞습니다.

## "진귀한 금은보화도 우정이 없다면 무의미하다"

우리가 처음으로 맺는 관계인 가족은 생애를 통틀어 크게 달라지지 않는 관계입니다. 관계의 질이 나빠졌다 좋아질 수는 있지만, 평균적인 관계의 질이나 양이 생애를 통틀어 거의 유사합니다. 그러나 친구는 다릅니다. 친구의 숫자나 특성에 따라 우정의 질과 양이 엄청나게 달라지니까요.

우정이 얼마나 특별하고 중요한지를 소리 높여 강조한 유명한 인물이 있습니다. 바로 고대 그리스의 철학자 아리스토텔레스지요. 그는 우정에는 세 종류가 있는데, 딱 한 종류만 의미 있는 관계로 발전할 수 있다고 말했어요. 아리스토텔레스가 남긴 명저 《니코마코스 윤리학》을 잠깐 볼까요.

아리스토텔레스는 먼저 자기 이익을 위한 우정을 이야기합니다. 상호 이익을 기반으로 하는 우정이기에 서로에게 유용한 존재로 인식될 때 형성됩니다. 팀 프로젝트를 함께하는 동료나 비즈니스 파트너 같은 관계겠죠. 공동의 목표를 가진 사이가 아니라면 친구와의 우정도 이익으로 승화하는 부류일 겁니다. 이런 사람들은 어떤 상황에서도 대가를 기대하죠. 사회적 지위나 인정을 얻기 위해 나를 필요로 하는 사람들이 있잖아요. 두 번째는 순수한 즐거움을 위한 우정이에요. 주로 10대 때 많이 등장하죠. 함께하면 재미는 있는데 관계의 깊이는 얕아서 시간이 흘러 인간관계에 좀 더 신중해지면 이 관계를 유지해야 하나 싶은 마음이 들 수 있습니다. 어른이라면 취미를 공유하는 동호회 같은 곳에서 만난 사이일 텐데, 재미가 중심이다 보니 종종 공허해지는 형태의 우정이지요. 어떻게 인간이 매번 즐겁기만 하겠습니까. 아리스토텔레스가 강조하는 마지막 세 번째 우정은 바로 덕을 기반으로 한 완전한 우정입니다. 나에게 의미를 주면서 기쁨까지 나누는, 이런 친구가 있다는 것만으로도 흐뭇해지는 관계지요. 가장 이상적인 형태의 우정입니다. 기쁨을 나누면 배가 되고 힘듦을 나누면 반이 되는 그런 관계죠. 동시에 위기의 순간을 마주해도 내게 등 돌리지 않을 것이라는 믿음까지 갖춘, 흔하지 않은 깊은 관계입니다. 이야, 멋있는 우정이죠? 그래서 아리스토텔레스가 남긴 명언이 있지요. "친구가 없다면 아무도 더 이상 살고 싶어 하지 않을 것이다. 아무리 속세에서 진귀한 금은보화도 우정이 없다면 무의미하다."[14]

　다시 한번 말씀드리지만, 지금은 '망'의 시대입니다. 네트워크의 시대라는 거지요. 관계의 망, 교육의 망, 의료의 망, 복지의 망이 우리를 다층적으로 떠받치며 삶의 질을 결정하지요. 관계의 망 중에서도 우정이야말로 꾸준히 살피고 가꾸어야 할 찬란한 것입니다. 관계에서 얻는 유대감이 강할수록 심혈관 질환도 줄고, 우울과 불안을 낮아지고, 고독사도 예방할 수 있다지요. 사랑은 목마르게 하고 우정은 충만하게 하니 아리스토텔레스의 말은 21세기에도 여전히 유효합니다.

# 만나면 좋은 친구? 만나야 좋은 친구!
## 친구는 정서적 핏줄이다

누군들 친구가 싫겠습니까? 누구나 친구를 원해요. 그것도 완벽한 우정이라면 우리의 소망이자 꿈이지요. 그런데 먹고살기 좋은 이 시절에 친구를 왜 원할까요? 100세 시대, 호모 헌드레드 Homo Hundred가 된 우리에게 돈, 건강, 주거 등 준비할 것이 다양 해졌지만, 나이 들수록 행복에 전반적으로 도움을 주는 중요한 요인이 친구라는 연구 결과가 꾸준히 나오고 있습니다.

미국 미시건대학교 연구팀도 나이 들면서 우정이 중요해진다는 연구 결과를 내놓았어요.[15] 100개 국가, 27만 1,053명에게 자신의 행복한 정도와 건강한 정도를 스스로 등급을 매기도록 했고, 동시에 관계 지지, 관계 압박, 만성질환에 대한 데이터를 분석했지요. 연구 결과, 친구들과 좋은 관계를 유지하는 사람들은 그렇지 않았던 사람들에 비해 더 건강하고 높은 행복도를 유지하는 것으로 나타났어요. 특히 주목할 점은 나이가 들면 가족 관계보다도 친구 관계가 신체적·감정적으로 더 강한 영향을 미친다는 것입니다.

친구는 혈육이 아님에도 불구하고 생을 같이 만들어가는 사람들, 바로 '정서적 핏줄'입니다. 가족이 생물학적 DNA를 공유한다면 친구는 사회적 DNA를 나누는 사이입니다. 게다가 요즘은 친구의 의미와 범주가 확장되고 있습니다. 기존의 친구란 서로 만나면서 깊은 정을 나누는 사이지만, 최근엔 온라인으로 만나 인생 친구가 되거나 파트너의 연을 맺는 경우도 흔합니다. 예전과 달리 성별이 달라도 친구로 잘 지내는 경우도 늘어났고요. 부피 면에서나 깊이 면에서나 친구의 의미는 상당히 넓어졌습니다.

게다가 친구의 존재도 이전보다 훨씬 소중해졌습니다. 나이 들수록 잃어버리는 친구가 많아지죠. 일자리를 구하면서 동네친구와 멀어지기도 하고, 중년기에 들어서면 친구가 아프거나 죽기도 해요. 아이들이 커서 더 이상 엄마들의 혈맹도 예전 같지 않아지고 정년퇴직을 하면서 친구 영역이 좁아집니다. 중년을 지나며 자연스럽게 종료되는 관계가 많아지는 거죠. 나를 지탱해주는 사람이 줄어드는 것인데, 남성의 경우 은퇴하고 나면 100분의 1 수준까지 줄어들기도 합니다. 세월을 함께한 친구는 멀리 있거나 사라지고 새롭게 사귄 친구는 깊이가 없다는 느낌을 받습니다. 나이 들수록 가족보다 행복에 중요하다는 친구는 점점 귀해지니, 친구를 더욱 소중히 대해야겠지요.


## 인생의 행복을 책임지는 친구의 종류

중년기 친구에는 세 종류가 있습니다. 먼저 '과거에 사귄 친구'예요. 철 모르던 시절 배꼽친구들이죠. 초중고등학교를 다니며 만났거나 그보다도 일찍 함께한, 나와 함께 늙어가는 생애 친굽니다. 이 친구들은 불안정한 시기에 안전한 배경이 되어주었지요. 일탈의 순간에는 좋은 길잡이가 되어주고 부모가 해주지 못하는 위로를 건넨 것도 그들이었을 겁니다. 어린 시절 친구들은 내가 커가며 잃어버린 기억의 조각을 갖고 있어 '그때 너가 참 멋있었는데', '넌 이런 데 재주가 있었잖아'라고 내 인생의 모자이크를 완성해주고 나의 삶을 빛나게 해주지요. 물론 아주 못된 친구들과 내게 상처를 주었던 친구들도 있었겠지만, 그들은 잊으세요. 그 녀석들은 빨리 아프고 속히 망하고 금방 죽을 겁니다. 과거의 고통은 잊어요. 우리는 친구와 함께한 빛나는 기억들로 삶을 재구성할 수 있습니다.

두 번째는 '현재의 친구'입니다. 지역과 공간 중심의 친구죠. 내가 사는 동네의 친구나, 지역 모임이나 교회, 동호회에서 만난 사람, 직장 동료 등 목적을 중심으로 만난 친구들이 여기에 포함되지요. 나의 현재와 일상을 만들어주는 이들입니다. 괴로울 때 전화하면 소주 한잔 마시며 술값도 내주고 어깨를 토닥이며 마음 풀고 다시 힘내보자고 위로해주기도 하지요. 힘들고 외로울 때 내 곁에 있어주는, 감정의 빚을 진 사람들입니다. 그렇기에 내가 살펴야 할 이들이기도 합니다. 과거의 친구가 지난 시간을 해석해주는 이들이라면, 현재의 친구는 지금 내 삶을 구성해줍니다.

마지막은 앞으로 사귈 '미래의 친구'예요. 과거와 현재의 친구들을 통해 만나거나 우연이나 환경의 변화나 내 선택으로 새롭게 알게 될 이들입니다. 아직 오지 않았기에 내가 선택할 수 있는, 앞으로의 시간을 함께 일구어갈 친구입니다. 새로운 친구들을 만난다는 것은 내가 새로워지는 과정이니 그야말로 설레는 변화입니다. 과거와 현재의 친구들이 별로라고 느낀다면, 좋은 '미래의 친구'를 만나려고 노력해보세요. 다만 몇 년 뒤 만난 친구들도 여전히 불만족스럽다면, 그건 친구의 문제가 아니라 당신의 문제임이 분명합니다. 그럼에도 우리가 늘 좋은 선택을 할 수 있다는 점은 확실합니다.

## 인생의 정서연금, 친구를 잃지 않는 법

제가 말씀드린 이 세 가지 친구들이 인생의 정서연금이라 할 수 있습니다. 이 연금을 두둑히 쌓는 것, 친구들과 좋은 관계를 유지하는 것은 내 생명과 행복을 연장하는 일일 텐데, 우리는 그 방법을 이미 알고 있습니다. 먼저 배려해야죠. 친구를 어여삐 여기고 기꺼이 시간과 공간을 나누어야 합니다. 함께 웃을 수 있게 유머도 좀 날려주고요. 무엇보다 친구가 초대하면 기꺼이 응하세요. 살아가며 날 초대할 사람들은 그 사람들뿐일 겁니다. 그들의 일상, 그들의 인생, 그들의 삶으로 초대할 때는 거절하지 마시고 함께하세요.

그런데 친구를 잃어버리는 잘못에 관해서는 종종 잊는 것 같습니다. 친구에게 결코 해서는 안 되는 행동들도 있지요. 첫째, 무시하면 안 돼요. 무시는 관계의 재앙을 부르는 지름길이고요. 심지어 무시를 넘어 공개 망신을 주는 경우도 있는데, 관계 지옥의 문을 여는 것과 같습니다. 다음 생애까지 눈싸움과 마음싸움을 해야할 겁니다. 둘째, 친구의 치명적인 과거는 언급하면 안 돼요. 이혼이나 파산, 친구가 숨기고 싶은 흑역사 말입니다. 사실이지만 들으면 기분 나쁠 그런 이야기들이요. 물론 안타깝다는 말을 하려고 이야길 꺼냈겠지만 의도가 무엇이건 이 말을 듣는 당사자는 나를 무시한다고 생각하죠. 치명적인 과거는 절대 언급하지 말고 무덤까지 가져가시기 바랍니다. 기꺼이 혀에 재갈을 무는 사람, 그게 친구예요. 셋째, 돈 빌리지 마세요. 정말 치명적인 실수입니다. 돈을 빌려주고 빌리는 관계에는 항상 높은 수준의 불편함과 긴장감이 흐릅니다. 이게 나비 효과를 불러와서 큰 갈등을 불러오거든요. 돈 부탁은 거절하시고 나중에 미안하다고 말하세요. 우정은 건질 겁니다.

친구의 존재는 나의 인생과 몸뚱이의 일부예요. 나이 들수록 정말 필요한 사람들입니다. 가족에게 하지 못하는 이야기까지 들어주는 이들이잖아요. 친구가 그만큼 해주면 나도 그렇게 해주어야 합니다. 관계에 공짜는 없지요. 그 친구가 밥을 사는 건 돈이 많아서가 아니라 나를 사랑해서라는 걸 기억하자고요. 기후변화로부터 살기 좋은 지구를 지키는 것처럼, 인생의 행복을 위해 친구를 지키세요.

"만나면 좋은 친구~ 우~ MBC 문화방송!" 다들 아시는 노래일 겁니다. 만나야 좋은 친구가 되지요. 맞아요. 동시에 좋은 친구가 만나죠. 좋은 친구들은 서로를 알아보고 가까워집니다. 좋은 특성을 감지하기 때문이지요. 유유상종이란 말이 그냥 나온 게 아니에요. 인간은 자신과 비슷한 특성과 습성을 가진 사람들에게 놀라울 정도로 빠르게 끌립니다. 여러분 주변을 둘러보세요. 이미 좋은 친구들이 보일 겁니다. 우리는 스스로 잘 알아요. 이 친구가 위험한 친구인지, 사악한 친구인지, 유익한 친구인지, 착한 친구인지, 무서운 친구인지 아니면 존경스러운 친구인지 말이죠. 좋은 친구를 만나러 가세요. 그리고 그 친구를 만나 좋은 말을 해주세요. 그러면 그 친구도 당신을 좋은 친구라 말할 겁니다. 만나면 좋은 친구가 되고, 또 좋은 친구가 서로 만납니다.

# 진짜 친구, 가짜 친구를 판별하는
## 여섯 가지 질문
### 친구라 믿었던 사람에게 당하고 마는 당신에게

인생을 힘들게 하는 나쁜 친구들이 친구라는 이름에 먹칠을 해요. 이런 친구를 몇 명 거치면서 사람 공포증이 생겼다는 분들이 많지요. 친구를 만나고 싶어도 친구에 대한 희망을 그들이 앗아가버린 경우죠. 물론 세상엔 별별 짜증나는 인간들이 다 있으니까요. 자기 힘들 때만 내게 연락해오는 친구들이 대표적인데, 이런 부류는 관계 피로를 반복해서 주는 사람들이에요. 일방적으로 감정을 전달하면서 여러분을 강제로 감정수용자로 만들지요. 힘든 일만 있으면 연락해서 감정의 토사물을 쏟아냅니다. 이런 인간을 만나면 내가 이용당한다는 느낌을 강하게 받지요. 정말 화가 나는 건 즐겁고 기쁜 일은 다른 친구와 나누고 나와는 힘든 일만 나눈다는 거죠. 이건 건강한 관계가 아니에요. 분명 힘들고 화가 나는데 이상하게 자기검열을 하게 됩니다. 친구가 힘들다고 위로해달라는데 화를 내면 너무 이기적인 건 아닌지 고민도 하고요. 그런데 참다참다 화를 내거나 매몰차게 끊어내면 나중에 동네방네 SNS까지 동원해서 내 욕을 하는 부류입니다.

내 마음을 노리는 다른 좀도둑들도 있어요. 온갖 인간들 다 만나면서 나 만날 시간만 없다는 사람, 자기가 원할 때만 만나자는 사람, 자기 얘기는 아무것도 공유하지 않는 사람, 비밀을 누설하고 험담을 밥 먹듯 하는 사람, 다른 사람들 앞에서 무안을 주는 사람 등 참으로 다양합니다. 부처님께서 인생은 고해苦海라고 했다지만, 같이 있으면 더 고통스러운 존재들이지요. 이런 사람들은 그만 만나도 됩니다.


## 나에게 감정을 쏟아내는 친구로부터 멀어질 수 없다면


우리 모두 입을 모아 이런 인간에게 하고 싶은 말이 있지요 '야, 내가 네 감정쓰레기통이냐! 작작해!' 물론 상상 속 시나리오일 뿐 대부분은 나오라는 술집에 나가 하고 싶은 말은 한마디도 못 하고 고개를 끄덕이며 들어주다 술값까지 내고 올 겁니다. 마치 감정

웜홀에 빠진 것처럼 허우적거리게 된단 말이죠. 남들이 하라는 대로 딱 손절하고 싶지만, 성격상 손절의 '손' 자도 못 꺼내는 분들이 십중팔구입니다. 맘 착한 인류들에게는 독한 공식이 안 통하니까요. 이렇게 손절은 못하겠고 들어주기는 해야겠다면, 여러분에게 꼭 필요한 기술이 있습니다. 잘났건 못났건 내 앞에 앉아서 나의 위로를 기다리는 상대가 있고, 그를 밀어내지 않기로 했을 때만 사용하세요. 단, 자리에서 일어날 시간은 꼭 정해둬야 합니다.

① 감정 읽어주기: "우울했구나/힘들었구나/그랬구나"
② 정상화: "그 상황에서 네가 화가 나는 게 당연해"
③ 승인: "그럼에도 너는 얼마나 잘하고 있니"

딱 이 세 단계만 거치고 시간 되면 바로 일어나세요. 당신은 할 만큼 한 겁니다. 용기를 내서 '지금 사정이 있어서 일어나야겠다'라고 말하세요. 지금부터 단전에 힘을 주고 두 번 따라해보세요. 그래야 그때 간신히 용기가 날 겁니다.

그런데 부탁을 거절했다고 손절해버리는 사람도 있습니다. 아니, 어린아이입니까? 거절하면 나쁜 친구라니요! 나이가 몇인데 내 부탁을 거절하거나 조금만 상처 준다고 친구를 냅다 버리나요. 그건 매우 유아적인 행동입니다. 친구든 가족이든 누구나 조금씩은 불이익을 주고받을 수 있습니다. 이런 친구는 그냥 두세요. 시간이 지나면 다시 애처럼 들러붙을 겁니다.


### 좋은 친구를 알아볼 수 있는 여섯 가지 질문


한편 주말에 만날 친구 없다고 토로하는 나이 든 사람들도 많아요. 남들은 송년회 한다는데 내 스마트폰은 문자 한 통 없이 조용하면 인생 헛산 것 같고 인간관계도 망한 것 같지요. 사실 그렇진 않을 거예요. 당신이 조용한 스타일이고, 친구들도 번잡한 걸 싫어하거나 배려심이 깊어서 그럴 가능성이 높습니다. 그래도 생각은 어찌나 많아지는지 말이죠.

생각해보면 누군가를 만나고 싶어도 거절이 두렵거나 상대의 삶을 침범하는 것 같아 섣불리 연락하지 못하는 경우가 많습니다. 그래서 형광펜으로 밑줄 쳐가며 심리학 책도 열심히 읽었는데 결국 책의 저자와만 영혼의 친구가 되는 일이 태반이지요. 나이 들수록 직원은 있는데 친구가 없고, 나라와 민족에 대해서는 얘기를 하는데 스몰 톡을 나눌 사람은 없는 경우도 지천입니다. 혼자 지내는 게 나쁜 건 아니지만, 마음을 나눌 진정한 친구가 필요하다면 찾아나서야지요.

그런데 도대체 '진정한 친구'란 게 있기는 한 겁니까? 진정한 친구에 대한 오해부터 풀어봅시다. 여러분은 진정한 친구는 어떤 특성이 있어야 한다고 생각하나요? 질투도 하지 않고 늘 내 말을 들어주고 일절 험담도 하지 않고 보상도 바라지 않는 그런 완벽한 존재를 생각하기 쉽죠. 여러분, 그런 사람은 없어요. 키스를 책으로 배우듯 친구를 책으로 배운 거지요.

진정한 친구라면 '나의 성공을 질투하지 않는다'라고 생각하지요? 누구나 질투해요. 단지 절하형 질투가 아니라 성장형 질투를 합니다. 절하형 질투는 남의 성공은 노력이 아니라 운이라고 깎아내리고 그가 떨어지기만을 기다리는 음흉한 질투지요. 반면 성장형 질투는 친구의 성공을 보면서 나의 성장을 위한 노력에 에너지를 쓰는 것입니다. 친구도 경쟁하고 질투합니다. 다만 상호 성장 과정이냐 아니면 상호 절벽이냐의 차이지요.

진정한 친구는 내 말을 끝까지 듣고 공감하며 내 말을 끊지 않는다고 생각하시나요? 그건 착각입니다. 말을 끊는다고 친구가 아닙니까? 믿을 만한 친구들이 중간에 말을 끊어도 그건 나를 무시하거나 내 의견을 뭉개는 나쁜 의도가 아니지요. 나쁜 마음과 말에도 무조건 옳다고 하는 게 친구겠어요? 악에 동참하는 건 공감이 아니죠.

친구는 험담을 안 한다고요? 당연히 합니다. 다만 험담을 하더라도 나중에 내게 돌아와 사과하지요. 친구도 사람이라는 점을 기억해야 해요. 또 보상을 바라지 않는 게 친구라고 생각하나요? 친구가 로봇입니까? 자판기도 동전을 넣어야 음료가 나와요. 보상을 바라지 않는 관계는 없어. 좋은 우정은 보상을 바라지 않는 게 아니라 알아서 적절한 방식으로 서로에게 보답하는 거지요.

자, 그럼 세상에 없는 '완벽한 친구' 말고 여러분을 위하는 진정한 친구를 구별하는 방법을 알아볼까요? 좋은 친구, 진정한 친구를 나와 성격이 비슷해서 나를 잘 알아주는 사람, 나를 무작정 좋아해주는 사람, 내가 닮고 싶은 사람, 이렇게 나눌 수도 있겠죠. 그러나 이렇게 해도 돈 안 갚으면 끝이겠지만요. 그런데 이런 친구를 어떻게 알아볼 수 있을까요? 좋은 친구를 감별할 수 있는 여섯 가지 질문이 있습니다.

① 내게 시간을 투자하는가?
② 내 자존심을 지켜주는가?
③ 도움을 요청하는 순간에 나를 외면하지 않는가?

④ 10분이라도 나를 만나려는 의지를 보여주는가?

⑤ 나에게 자신의 삶을 보여주는가?

⑥ 나를 위해 자신을 바꾸려 하는가, 아니면 나를 바꾸려 하는가?


여기에 적은 항목들이 다 예스여야 하는 건 아니지요. 이 중 하나라도 해당한다면 그 사람은 나와 좋은 친구가 될 수 있는 사람일 겁니다. 각각의 질문에 좋은 답을 주는 친구가 머릿속에 떠오르나요?

# 오랜 친구를 돌보는 것은 나를 돌보는 일이다

　오래 건강하게 돈까지 잘 벌면서 행복하게 살고 싶으면 오랜 친구를 잘 챙겨야 합니다. 성인기 우정은 개인의 전반적인 웰빙과 심리적 건강에 중요한 역할을 해요. 알고 계시다고요? 그러나 자세히 들으면 지금부터 친구를 보는 눈동자의 크기와 깊이가 달라질 겁니다. 성인기의 우정이 '아, 인생 살 만하다'라고 말하는 '인생의 웰빙'에 얼마나 중요한지 지금부터 알려드리겠습니다.

　먼저 인생의 웰빙을 평가하는 다섯 가지 기준이 있습니다. 바로 긍정적 감정Positive Emotion, 몰입Engagement, 관계 Relationships, 의미Meaning, 성취Accomplishment지요. 이 다섯 가지 '웰빙 기둥'의 앞글자를 따서 이를 PERMA이론이라고 합니다. 이러한 관점에서 2000년부터 2019년 사이에 발표된 성인기

의 우정과 웰빙에 관한 38편의 연구 논문을 분석해봤더니, 아주 흥미로운 결과가 나왔어요.[16]

성인기의 우정은 전반적인 웰빙, 그리고 그 구성 요소들과 긍정적 상관관계가 있어요. 우정의 질과 친구와의 사회적 상호작용이 웰빙 수준에 크게 영향을 준다고 합니다. 우정의 질이 높을수록, 정기적으로 만나는 친구가 많을수록 행복감이 높고 '세상 살 만하다'라고 느낀다는 거지요. 곁에 나를 지지하고 나에게 공감하는 친구를 두고 필요한 순간에 서로 기꺼이 도움을 주고받는다면, 가슴이 뻐근해지는 기쁨을 느끼는 동시에 마음속으로 '할렐루야'를 외치게 되는 겁니다. 특히 내게 좋은 일이 있을 때 친구가 박수 치면서 함께 기뻐해주면, 서로의 웰빙 수준이 크게 높아져요. 아, 갑자기 조용필의 '친구여'가 들리는 듯합니다. 마음이 웅장해집니다.

우정이 건강을 증진하고 수명까지 늘린다는 사실, 아시죠? 좋은 친구들과 단단한 사회적 연결을 가진 성인은 우울증, 고혈압, 비만 위험이 줄어들어요. 거기다 의미 있는 관계를 맺고 사회적 지지를 받는 사람들은 그렇지 않은 또래보다 오래 삽니다.[17] 그래서 세계에서 손꼽히는 병원인 미국 메이요 클리닉 연구소에서는 건강과 수명을 위해 지역사회 활동과 자원봉사도 참여하고, 남이 초대하면 기꺼이 응하고, 종교단체에 가입하거나 자주 산책을 하라고 권해요. 혼자? 아니요, 친구와 함께요. 그렇게 함께하는 활동에 참여하다 보면 좋은 친구를 사귈 가능성도 아주 높아집니다.

게다가 친구는 나이 들수록 귀중한 자본입니다. 돈을 빌릴 수 있어서 그렇냐고요? 그게 아니라 사회적 자본이라는 말이지요. 신뢰나 우정, 연대감, 공유감처럼 개인 간 상호작용에서 형성되는 사회적 자원을 사회적 자본이라고 합니다. 친구 관계는 사회적 자본에서 상당히 중요한 부분이에요. 친분은 곧 개인에게 새로운 경제적 기회를 가져다줄 수 있죠. 신뢰가 깊은 친구 네트워크는 내게 도움이 된다는 생각으로 친분을 유지하는 도구적 동기와 마음을 나누고자 하는 감정적 동기로 맺어지는데, 참으로 차가운 얘기 같지만 도구적 동기는 장기적으로 큰 경제적 가치를 낳는답니다.[18] 예를 들어 인기 유튜버들이나 인플루언서들을 보세요. 수많은 팔로워와 친구 관계와 유머를 통해 높은 조회수와 긍정적인 댓글을 얻고, 결국 이게 경제적 가치로 돌아오지 않습니까.[19] 게다가 친구와 잘 지내면 그만큼 스트레스가 줄면서 생산성도 높아지지요.[20]

친구는 나를 구하는 핫라인이기도 해요. 사회적 연대감과 친구 관계는 중년층의 자살 예방에 중요한 역할을 하고 있죠. 중년층의 자살률은 최근 몇 년간 계속 증가하고 있는데, 여기에는 경제적 문제, 심리적 고통, 만성질환, 가정 파탄 등 정말 다양한 요인이 있습니다. 어떤 상황에서든 사회적 연대감과 친구 관계는 자살 위험 요인을 해소하는 데 정말 중요한 역할을 해요. 사람들은 자살을 결심하기 전에 반드시 주변에 신호를 보내거든요. 그의 곁에 있는 누구한 명이라도 이걸 알아채고 보살펴주면, 그가 살아서 노년을 맞을수 있는 거지요. 친구에게서 삶의 고비를 넘을 힘을 얻는 겁니다.

## 반드시 곁에 두어야 하는 두 유형의 친구

저는 이처럼 소중한 친구 중에서도 두 유형의 친구는 꼭 만나라 말씀드립니다. 바로 슈퍼친구super friend와 삽친구shovel friend입니다.* 먼저 슈퍼친구는 매우 가깝고 신뢰할 수 있는 친구를 말합니다. 일반적인 친구 관계를 넘어서는 강한 유대감과 지지를 특징으로 하지요. 어려운 상황에서 항상 도움을 주는 친구로 비밀을공유하고 서로를 깊이 이해하는 관계이자 장기간 지속되는 우정이에요. 게다가 서로의 성장과 발전을 응원하고 지원하는 사이입

---

* 슈퍼친구와 삽친구 개념은 이 책에서 보다 자세히 보실 수 있습니다. 마리사 프랑코, 《어른이 되었어도 외로움에 익숙해지진 않아》, 이종민 옮김, 21세기북스, 2023.

니다. 인생을 돌아보면 참으로 고마웠던 친구, 나를 위해서 기꺼이 나서주고 내 편이 되어주고 슬픔의 순간에 나를 위로해준 친구, 시간을 내어 내 옆에 있어주고 또 나와 유쾌한 기억을 공유하던 친구들이 기억나실 겁니다. 이 친구들이 바로 내 인생의 슈퍼맨들이었지요.

그다음으로 삽친구가 있습니다. 이 삽친구란 '시체를 묻는 것을 도와줄 수 있는 친구'라는 비유적 표현입니다. 물론 정말 시체를 묻는 범죄를 저지른다는 의미가 아닙니다. 자신에게 손해가 되는 일임에도 불구하고 나를 위해 나서주는, 법적 또는 도덕적 경계를 넘어설 정도로 강한 충성도를 가진 친구를 말합니다. 삽친구들은 어떤 상황에서도 나를 돕고 지지할 준비가 되어 있어요. 이런 친구가 있다면 세상에 두려울 게 없습니다.

그러나 먹고사느라 바쁘다 보면 좋았던 관계가 멀어지기도 하죠. 아무리 좋은 친구들이라도 세월 속에 잡은 손을 놓게 되고, 어른이 된다는 것은 그런 기억이 많아진다는 것이기도 해요. 점점 가까운 친구가 줄어드는 중년이 되면, 조금 멀어져버린 슈퍼친구들과 삽친구들을 다시 찾으셨으면 좋겠습니다. 아시다시피 몇몇 사람들을 제외하고 인간의 좋은 성품은 크게 달라지지 않습니다. 슈퍼친구와 삽친구들은 예나 지금이나 내가 남루한 옷을 입고 있더라도 밀어내지 않고, 머리를 좀 헝클어지고 가끔 방귀를 뀌더라도 여전히 나를 품어주지요. 어린 시절의 그 심정으로 웃어주는 친구가 있다는 것만으로도 얼마나 벅찬 일인가요. 얼마나 신나고 또 감사한 일인가요. 삶으로 검증한 슈퍼친구와 삽친구들도 세월을 따라 같이 늙어갑니다. 생애 변수가 많아지는 때가 오면, 그 친구들도 아플 것이고 어쩌면 영원히 이별하게 될지도 모릅니다.

그러니 그전에 생애 보물들을 꼭 만났으면 좋겠습니다. 그 친구들이 나에게 오지 못하더라도 가끔씩 안부를 물으면서 예전의 관계를 회복했으면 좋겠다는 겁니다. 그건 마치 내 삶의 좋은 기억들을 복기하는 것과 같습니다. 그 친구들이 나이 들어가는 우리 인생에 또 한 번의 르네상스를 만들어줄 겁니다.

오랜 친구를 환대하면 나의 일부를 환대하는 것과 마찬가지입니다. 그들은 가족만큼이나 소중한, 나의 정서와 일상을 지켜주는 생명 유지망이니까요. 내 삶이 힘들 때, 나를 돌보고자 할 때 내 몸의 일부나 다름없는 친구는 어떻게 지내는지 안부를 물어보세요. 그 친구가 다시 내 안부를 물어오고, 그렇게 우정을 통해 친구와 거울돌봄을 하는 겁니다. 그러니 오랜 친구를 돌보는 것은 곧 나를 돌보는 일이에요. 친구돌봄friend-care은 곧 자기돌봄self-care입니다.

# 나이 들어서도 우정을 잘 유지하는 방법

이렇게 인생의 기쁨이 되고 삶의 질을 높여주는 우정을 잘 유지하는 방법도 알아야겠지요? 우정 유지도 기술입니다. 내 방식을 밀어붙여도, 반대로 수동적인 태도를 취해도 우정은 유지되기 어렵습니다. 친하게 지내고 싶어 막무가내로 들이밀었다가 떨어져 나간 친구가 어디 한둘입니까. 내 삶의 소중한 생명력, 그 우정을 유지하려면 다섯 가지만 기억하시면 됩니다. 바로 노력, 개성, 중요성 인식, 심리적 욕구, 유쾌함이죠.

먼저 우정은 다방면으로 노력해야 유지됩니다. 제아무리 잘난 인생이라도 노력 없이는 사람의 마음을 얻을 수 없지요. 이름 석 자만 대면 누구나 아는 사람도 유명세가 떨어지자마자 고독해졌다는 이야기도 흔하고요. 그런 사람들은 굳이 노력하지 않아도 내 삶으로 들어오려는 사람이 많았을 겁니다. 하지만 풍요 속의 빈곤이라고, 유명세를 떠나 한결같이 내 옆에 있는 친구는 없으니 그렇게 외로움을 토로하다가 극단적인 선택을 하는 경우마저 있죠. 유명한 정도가 아니라 역사에 남을 일을 하더라도, 오래 살아가야 하는 세상에서는 늘 옆을 살펴야 해요. 위아래가 아니라 반드시 옆을 보시기 바랍니다. 매번은 아니더라도 친구들 모이는 자리에는 잊지 않고 나가서 허물없는 이야기를 나누고, 함께 다리 뻗고 노닥거리는 시간을 가지세요. 애경사를 가는 건 당연하고요. 친구란 슬픔과 기쁨을 나누는 자 아니겠습니까. 우정도 시간과 공간, 그리고 에너지 투자로 일구는 마음 사업이라는 점을 잊지 말자고요.

두 번째, 친구들 사이에서 나만의 개성이 있으면 좋아요. 친구들이 '너는 이런 사람이잖아'라고 말하는 독특한 감성을 말하는 겁니다. 알기 쉽게 제 친구들 이야기를 해볼까요? 제 친구들 중 사회에서 만난 친구들이 있습니다. 이름하여 호연지양! 본래는 호선이, 연진이, 지향이가 만나 '호연지기'였다가, 나중에 양소영이 껴들어 오면서 '호연지양'이 되었지요. 참으로 개성만점의 친구들입니다. 호선이는 유쾌하고 웃음보를 잘 터뜨리고, 연진이는 피부과 의사인데 제가 아는 의사 중 가장 귀엽고 순진무구의 아이콘입니다. 농담하면 늘 진짜로 알아들어서, 모든 공간이 진료실이죠. 지향이는 약사라 늘 '야, 얼른 약 빨아' 하며 오며 가며 약을 먹입니다. 양소영은 변호사인데 우리 중 가장 공감쟁이면서 당당하면서도 부드럽고 정의감이 넘치지요. 다들 만나면 나름의 개성이 있고, 서로 놀리기를 밥 먹듯 하지만, 서로 생일이나 애경사 등을 단단하게 챙기고 무엇보다 누구에게도 말하지 못할 속사정을 나누고 서로를 돌봅니다. 직업이 아니라 인성과 개성으로 뭉친 그룹입니다.

제게는 '쁜이들' 모임도 있습니다. 누구 하나 이쁜 얼굴이 없어서 우리끼리라도 곱게 보자는 의미로 '쁜이들'입니다. 동갑내기들 모임인 '호연지양'처럼 '쁜이들' 역시 방송에서 만났습니다. 나이가 가장 많아도 제일 아이 같은 헤어 스타일리스트 진이 언니, 몸집은 작아도 황소같이 일하고 마음 씀씀이가 좋은 살림 전문가 쩡이, 가장 똑순이이자 현명한 판단을 내려주는 연예부 기자 쫑이, 그리고 센스는 가장 없지만 밥은 제일 잘 사는 저까지 이렇게 네 사람이지요. 함께 출연했던 프로그램 끝난 후에도 서로 애칭을 불러가며 여전히 서로 쇼핑 정보를 공유하거나 공동구매를 하고, 서로 생일, 장례, 개업 등 일상을 살피고 챙기며 단단한 심정의 동아줄이 되어주고 있습니다.

고등학교 때 친구들을 빼놓을 수 없지요. 단 한 번도 모두 같은 반이 된 적이 없는 문이과가 섞인 오묘한 조합의 '오인부대'가 있어요. 여고 시절에 만나 이제는 다들 새치와 기미를 걱정하는데, 새침하지만 계속 보고픈 마력을 가진 영어 학원 원장 윤희, 뒤늦게 애를 낳아서 만날 때마다 주름이 늘어가다 얼마 전 암을 딛고 힘차게 일어난 초등교사 희정이, 인생의 곡절이 이렇게 많을 수 있나 싶지만 승리자로 멋진 삶을 살아가는 극복의 아이콘인 초등학교 행정 여왕 은영이, 20년간 중국으로 완전히 사라졌다 다시 등장해 세 번째 인생을 완벽하게 살고 있는 긍정의 상징 보험설계사 진숙이, 그리고 예나 지금이나 멈추지 않는 식욕의 소유자인 저까지 다섯 명입니다. 이 그룹은 함께한 인생 스토리가 많은 그룹이자 저의 가장 오랜 속살과 같은 그룹입니다.

남녀 혼성 4인으로 구성된 백삼(103)호도 있지요. 백씨 성을 가진 탐정으로 방송에서 활약 중이신 백기종 팀장님과 YTN 상무이사셨던 김호성 교수님, 그리고 스포츠평론가로 본인이 연상이면서 계속 저를 누나라고 부르는 최동호 평론가, 그리고 저 이호선으로, 1명의 성씨 '백'과 3명의 이름에 들어간 '호'를 따서 백삼호라 부르죠.

초등학교 동창들도 있습니다. 동네 맏형 경훈이, 원주댁 지숙이, 매일 일찍 일어나는 현주, 동에 번쩍 서에 번쩍 은희, 어린이집

원장 혜순이, 코딱지 탁형이, 든든한 용진이, 착하디착한 은향이, 그리고 저까지 개성 만점인 9명으로 구성된 모임으로, 띄엄띄엄 만나며 서로 생애 안부를 묻습니다.

그 밖에도 말씀드리고 싶은 친구들이 많습니다만, 이 긴 이야기의 핵심은 오래 만나는 친구들은 자신만의 독특한 감성이 있고, 이 개성을 친구들이 알고 좋아해준다는 점이지요. 개성은 존재감의 다른 말이에요. 그 사람 하면 떠오르는 바로 그 단어, 별명 같은 개성이 있는 사람들의 모임은 오래 유지되며 우정도 날이 갈수록 단단해집니다. '그래, 너 친구 많아서 좋겠다' 하실지도 모르지만, 여러분도 친구들 그룹을 한번 돌아보셨으면 합니다. 의외로 찾으면 발굴됩니다.

다음으로 친구의 중요성을 인식하는 것도 대단히 중요합니다. 중요하지 않다고, 불면 날아가는 관계라고 생각한다면 그 우정이 오래가겠습니까? 보물이 있는 곳에 마음이 있지요. 마찬가지로 이 우정, 이 관계, 이 사람들이 중요하다고 생각해야 오래갈 수 있고요. 중요하게 여기라는 것이 온종일 친구들 생각만 하라는 건 아니지요. 그러나 장례를 치러본 분들을 아실 겁니다. 그 슬픔의 자리에 와서 오래 머물러주고, 이후에도 지속적으로 안부를 물어가며 위로의 시공간을 기꺼이 마련해주는 친구들이 있지요. 어려운 시절에 손잡아 주는 그런 친구들이 바로 은인입니다. 친구를, 우정을 중요하게 생각할 줄 아는 사람이고요.

우정을 통해 심리적 욕구도 충족되어야 해요. 친구를 만났을 때 나의 활력도 충전되는 느낌을 받는 것이죠. 우정은 소속감을 주고 친구와 만나면 외로움을 덜어내며 정서적 욕구를 충족하게 됩니다. 게다가 친구 사이의 상호 존중과 지지는 자신감과 자존감까지 높여주지요. 때로는 내 잠재력을 발휘하는 데 힘을 실어주기도 합니다. 이처럼 서로 심리적 욕구를 채워줄 수 있는 친구여야 오래 만날 수 있습니다.

우정을 오래 유지하는 마지막 비결은 뭘까요? 바로 유쾌함입니다. 사람은 재미있는 사람을 좋아해요. 또 재밌는 사람을 중심으로 관계망을 형성하게 됩니다. 하지만 성인이 되어 일에 치이며 스트레스를 받고 책임감에 짓눌려 살다 보면, 청춘의 아름다움과 유쾌함은 어느덧 날아가버린 것만 같습니다. 잃어버린 그 유쾌함 되찾을 수 있는 방법은 없을까요? 저는 유쾌함의 필수 요소를 바로 상상력, 사교성, 유머, 즉흥성, 경이감 이렇게 다섯 가지라고 말씀드립니다. 그런데 그보다 중요한 건 나만의 유쾌함을 발굴해내는 거예요. 그 방법도 알아야겠죠? 먼저 유쾌한 사람 옆으로 가세요. 상상력에서 시작해서 경이감에 이르는 유쾌함의 다섯 요소를 그 사람은 이미 가지고 있으니까요. 곁에 있다 보면 유쾌한 사람의 환경 통제력과 환경 해석력까지 배울 수 있어요. 유쾌한 사람 곁에 가서 유쾌한 사람의 기운을 받으세요. 다음으로는 유쾌한 콘텐츠를 즐기는 겁니다. 유쾌한 콘텐츠를 보는 것은 그저 웃고 끝나는 일이 아니에요. 거기서도 유쾌함을 배우고 기억한 뒤에 혼자 떠올리면서 내 것으로 가져오는 겁니다. 마지막은 내가 유쾌한 사람인지 꾸준히 실험해보는 거예요. 만약 자신이 없고 어렵다면 어딜 가나 괜찮은 유머, 통하는 유머가 있어요. 이 통하는 유머를 벤치마킹하시면 좋습니다. 이렇게 유쾌함은 가까운 사람이나 콘텐츠에서 배울 수도, 나의 실험을 통해 만들어나갈 수도 있어요. 모두 유쾌함을 실천하시며 친구들과 오래오래 즐거우시길 바랍니다.

# 좋은 친구를 만나기보다
## 좋은 친구가 되어라[18]

중년기에 들어서면 친구가 또 왜 중요한지 아십니까. 아프거나 가끔은 죽기도 합니다. 부모님이 돌아가신다는 건 이해가 되는데, 또래가 세상을 떠난다는 건 참으로 어색하고 이상하지요. 제가 초등학교 저학년을 분교에서 보냈어요. 전교생이 다섯 명이었는데 그중 세 명이 죽었어요. 한 친구는 (아마 암이었을 겁니다) 아파서 먼저 가고, 다른 친구는 교통사고로, 또 한 친구도 알 수 없는 이유로 사망했죠. 결국 저와 은영이라는 친구 둘만 살아남았어요. 중년 이후에는 친구를 떠나보내는 일이 드문드문 생기고, 많은 사람이 퇴직 이후 서로 만나지 않고 멀어지게 되지요. 이렇게 10대, 20대에는 상상하지 못했던 질병이나 사망이라는 요인으로, 또 은퇴라는 변화로 친구의 영역이 점점 좁아진다는 걸 알게 됩니다. 나를 지탱해준 역사와 기억들이 하나둘 사라져가는 동시에 앞으로 남은 친구들이 어떻게 변할지 예측할 수 없는 시기를 살아가게 되죠.

요즘은 메신저 단체방에 많이들 들어가 계시죠. 45세 이상 되신 분들은 평균 8개 정도 있으세요. 그중 과연 나에게 몇 개나 의미가 있다고 생각하시나요? 어디에서 내가 주도적이고 인기 있는 편인지, 그 단체방 사람들이 진짜 친구라고 생각되는지, 믿을 만한 친구는 있는지 생각해볼 때가 있죠. 하지만 들여다볼수록 풍요 속의 빈곤입니다.

믿을 만한 친구, 좋은 친구를 곁에 두려면 어떻게 해야 할까요? 여기서 생각을 한번 바꿔봅시다. 여러분은 '좋은 친구'이신가요? 좋은 친구를 곁에 두는 것의 시작은 내가 좋은 친구의 조건을 갖추는 것일지도 모릅니다. 그러기 위해선 '친구'란 무엇인지, '좋은 친구'는 어떤 사람을 말하는지 차근차근 알아볼 필요가 있어요.

## '친구'란 누구일까?: 친구의 정의와 우정의 발달 단계

저도 궁금해서 나이가 들어서도 여전히 친구가 많고 관계를 잘 유지하는 분들을 만나봤어요. 50대, 60대, 70대, 80대이신 분들을 연령대별로 10명씩 개인 인터뷰를 진행했죠. 놀랍게도 친구란 무엇인가에 대한 정의가 다들 다르더군요. 대부분 살면서 친구와 어떻게 지냈는지를 중심으로 자기만의 친구 개념을 만드셨어요. 왕래해오던 사람들은 다 친구라고 생각하거나 오랜 시간 같은 공간에서 활동했던 사람들을 친구라고 말하기도 하고, 서로 돈을 빌려줄 수 있을 만큼 신뢰 관계를 구축한 사람만을 친구라고 보기도 했어요. 각양각색임에도 공통점은 있었습니다. 사람들은 자기의 욕구를 충족시켜주는 사람을 친구라고 생각한다는 것이죠.

나아가 오래 우정을 이어오면서 관계가 흡족한 친구는 어떤 친구인지 물어보니, 믿음직스러움이 중요하다는 답변도 꽤 있었지만 유쾌함이라는 답변이 가장 많았습니다. 사람들은 즐거운 친구를 좋아하고 즐거운 친구를 중심으로 관계망을 형성하더라는 거예요. 인간은 즐거움을 찾는 존재인 듯합니다. 뇌에 있는 쾌의 영역에는 대상과 기억에 대한 안정감이 있어서, 나이가 들어서도 함께 있을 때 기분이 좋은 사람을 원하는가 봅니다.

한편 우정은 나이 들수록 발달하는 것이기도 해요. 앞서 이야기한 아리스토텔레스가 우정의 유형을 구분했다면, 심리학자 로버트 셀먼은 우정의 발달 단계를 나이를 중심으로 네 단계로 구분합니다.[22] 1단계는 일방적 조력 단계입니다. 4~9세에 해당하는 단계인데, 이 나이에는 자신을 도와주는 사람은 무조건 자신의 친구라고 생각해요. 단순하고 일차원적인 관계를 형성하는 시기죠. 2단계는 협조 단계예요. 6~12세에 해당하는 단계로, 여전히 이기주의적으로 본인의 만족을 위해 친구를 사귀기는 하나 서로 좋아하는 부분과 싫어하는 부분을 상호 조절하기 시작하는 단계입니다. 이때부터 친구와 관심사를 공유하고 서로에 대한 이해도 넓혀가며 우정이라는 개념을 구체화하기 시작해요. 3단계는 상호 공유 단계입니다. 12세 이후 사춘기에 들어서면서 2단계의 이기주의를 접고 공통의 관심사를 위해 기꺼이 협력하는 단계죠. 친구와 비밀과 감정을 공유하면서 성장 과정의 다양한 문제를 해결하기 위해 협력하게 됩니다. 마지막 4단계가 바로 자율적 상호 의존 단계입니다. 12세 이후부터 성인기 전체에 걸쳐 나타나는 단계로, 서로에게 강력한 정서적 지원을 하는 동시에 서로의 자율성을 존중하죠. 셀만의 발달 단계를 보고 있으면 우정의 성숙에 대해 생각해보게 되죠? 나는 어느 단계의 우정을 맺고 있는지 돌아볼 수 있고, 보다 성숙한 우정을 위해, 좋은 친구가 되기 위해 무엇을 해야할지 고민할 수 있죠.

## '좋은 친구'가 되는 네 가지 행동

내가 좋은 친구, 성숙한 친구가 되기 위해 가장 중요한 역량은 먼저 친구에게 안부를 묻는 겁니다. 살았는지 죽었는지, 곤란한 일이나 아픈 데는 없는지 묻는 것이지요. 안부를 묻는 행위는 '너를 기억하고, 네가 보고 싶고, 너를 자주 염려하고 있다'라는 메시지를 명확하게 전달합니다. 자발성과 공감력을 기반으로 사회적 유대를 강화하려는 의지를 확실히 보여주는 것이지요. 안부 연락을 받은 사람 입장에서는 반가우면서 고맙고, 상대가 나를 챙긴다고 느끼니 심리적 연대감과 책무감도 자극받지요.

상대방은 원치 않는데 괜히 내가 연락해서 귀찮게 하는 건 아닌지 염려하는 분들이 계실지도 모르겠습니다. 스토커처럼 시도 때도 없이 접근해서 괴롭히는 게 아니라, 그야말로 '안부安否', 즉 어떤 사람이 편안하게 잘 지내고 있는지 그렇지 아니한지 소식을 묻는 거예요. 그러니 잊을 만하면 한 번씩, 그가 아프거나 어려운 일이 있을 때는 조금 더 자주 연락하는 정도면 되지요. 안부는 일종의 심리적 아부와 같아요. 네 마음에 들고 싶고 네 기쁨의 버튼을 눌러서 나라는 사람이 네게 안전감과 좋은 기분은 물론 신뢰감까지 주는 사람이라는 걸 알리는 행동이지요.

두 번째로 정기적인 교류를 해야 해요. 태어날 때 한 번 연락하고 떠날 때 한 번 연락하는 건 친구가 아니지요. 믿을 만한 친구는 나이가 들수록 최대한 자주 만나는 게 좋아요. 일단 누군가를 만나 대화를 하면 뇌 기능 저하가 늦춰지기 때문에 정신건강과 뇌 건강에 매우 좋습니다. 혼자 외롭게 지내는 사람은 치매에 걸릴 확률이 1.5배가 높고, 매일 지인과 만나는 사람은 치매 위험이 40퍼센트 낮아지니 말입니다.[23] 게다가 이론적 사고 능력Theory of mind, 즉 다른 사람의 마음을 이해하고 생각과 감정을 추론해서 그 사람의 행동을 예측할 수 있는 능력 또한 잘 유지되고, 스트레스 호르몬인 코르티솔 반응까지 줄어듭니다. 서로 공감 능력이 향상되고 심리적 소속감도 강해지고요.

　이래서 친구 관계가 좋은 사람들이 함께 장수하는 모양입니다. 좋은 친구들과 사회적 교류가 많을수록 긍정적인 감정이 커지고 부정적인 감정은 줄어드니까요. 자연스럽게 흡연율은 낮아지고 신체 활동이 증가하니[24] 건강과 수명 연장에 톡톡히 기여하죠. 아마 장수 동네에 사는 사람들은 유산균 가득한 요구르트도 친구와 나눠 먹을 겁니다. 이처럼 만나는 것만으로도 서로에게 좋은 친구가 될 수 있습니다.

　세 번째는 소통, 그것도 솔직한 소통입니다. 좋은 친구는 대부분 오래 만난 친구들이고, 세월의 용광로는 진실이라는 순금을 추출해내죠. 물론 좋은 친구들도 이따금 과장을 하거나 거들먹거리기도 하지만, 진실의 평균값이 높습니다. 모든 것을 숨김없이 말하는 것이 아니라, 서로 나누는 말에 거짓이 별로 없다는 겁니다. 거짓말을 한다 해도 결국 세월 앞에서는 여지없이 진실이 드러나죠. 나이 들어서까지 오래가는 친구들, 20년 이상 유지된 우정의 핵심에는 솔직한 소통이 있습니다. 서로 웬만하면 솔직하게 말하고, 실수를 했어도 빠르게 사과하죠. 솔직한 소통의 한 축에는 상대를 수용하고 이해해주는 넉넉함이 있죠. 미국의 유명한 철학자 앨버트 허버드는 이렇게 말했습니다. "친구는 당신에 대해 모든 것을 알고 있으면서도 여전히 당신을 사랑하는 사람이다." 솔직한 소통에 더해 서로를 품어주기까지 하는 멋진 우정에 대한 명언이 아니겠습니까.

마지막은 세심한 경청이에요. 좋은 친구는 듣습니다. 아니, 들어주는 것이죠. 세심한 경청은 친구가 직면한 문제를 이해하기 위해 그 마음과 상황을 세밀하게 살피며 듣는 과정을 말합니다. 친구가 자신의 감정을 표현할 때 서툴러도 공감하려 하고 그의 문제가 해결되기를 진심으로 바라지요. 해결을 못 해주더라도 세심한 경청을 통해 더 나은 결정을 하도록 도우면서 함께 마음이 성장할 기회를 갖게 됩니다. 우정이 온 세상의 마음을 묶는 황금실이라는 이유는 세심히 들어주는 마음의 줄전화이기 때문일 겁니다. 꼭 이해할 수 있어야 듣겠습니까. 완벽한 해결책을 내어놓을 수 있어야 들을 수 있는 것도 아니지요. 곁에 있으면서 귀만 기울여도, 어려움의 순간에 얼굴을 내밀어주기만 해도 여러분의 친구는 여러분에게서 신의 얼굴을 보게 될 겁니다. 그 친구의 마음이 웅장해지는 것은 물론이고요.

# 학습, 취미, 팬덤으로 만나는 새로운 친구

    내가 중년인가 아닌가를 판별하는 기준이 있습니다. 모이면 아픈 얘기하고 흩어지면 병원에 간다면 중년이 확실합니다. 그만큼 신체의 변화가 많은 시기라는 거죠. 돌연사도 많아지고 부모들도 떠나면 명실상부 늙은 고아가 되는 시기입니다. 어른이 된다는 건 떠날 자가 많아지는 때라는 것이고 세월의 값은 소중한 사람들을 떠나보내며 치르게 됩니다. 이런 변화들이 몰려올 때가 바로 관계의 재정립이 필요한 시기, 관계를 돌아보는 것을 넘어서 재구축해야 하는 시기입니다. 어른의 문지방을 넘는 동시에 새로운 시작점을 만나는 것이지요.

    우리가 수명이 길어지면서 어른으로 살아가야 하는 시간 역시 매우 길어졌습니다. 그 옛날 단명의 시기에는 가족 중심의 관계 구성이 매우 중요했지요. 내가 아이들을 키웠듯 아이들이 성인이 되어 나이 들어가는 나를 부양하는 '순환부양'이 자연스러웠고요. 명도 짧고 작은 마을 공동체에서 가족 중심의 일상을 살았으니 50세가 넘어서는 인생을 정리하며 손절의 시간을 살았습니다.

그러나 지금은 가족 공동체의 순환부양은 더 이상 없습니다. 지금의 중년은 아이들이 자신을 부양하지 않지만 자신은 부모를 부양하는 '마처 세대', 즉 부양하는 마지막 세대이자 부양받지 못하는 처음 세대입니다. 그래서 이제는 가족을 넘어선 네트워크가 필요한 시대입니다. 사회관계망, 사회복지망, 의료서비스망, 교육망 등 수많은 망이 가족 대신 우리를 지탱하고 부양하는 것이지요. 이 연결의 시대에는 나를 받쳐주는 망의 수와 질이 삶의 질과 직결돼요. 이 망들이 내가 앞으로 살아갈 날들의 행복감을 구축하고 안전감을 확보해줍니다.

이미 내가 가지고 있는 친구 네트워크를 넘어 새롭게 만날 사람들 역시 또 하나의 네트워크 자원이 됩니다. 그러니 중년이야말로 새로운 친구를 적극적으로 만나고 사귈 시기라고 감히 말씀드립니다. 그러면 새로운 친구를 도대체 어디 가서 만나야 할까요? 또 이 어른의 시기에 어떤 친구를 만나야 할까요?

물론 좋은 사람을 만나야 합니다. 나 역시 누군가에게 좋은 사람이 되기 위해서 애를 써야 하고요. 상식적이고 의미 있고 유쾌한 관계라면 가장 좋겠지요. 어른다운 우정을 나누고 싶으니까요. 하지만 새로운 친구들은 어디서 어떻게 만나면 좋을지 많이들 물어보시더군요.

## 함께 배우고 열광하며 만드는 새로운 우정

저는 우선 안전한 공동체부터 찾으라고 말씀드립니다. 기왕이면 학습공동체를 추천합니다. 학습공동체의 구성원들은 지향과 목표를 공유하며 나아갑니다. 동호회건 자격증 취득 모임이건, 사이버대학이나 방송통신대학처럼 성인 학습자를 위한 정규 학위 과정이건 목표를 중심으로 만나는 학습공동체 참여자들은 서로에게 자극을 받아 의욕 학습이 일어나고 다양한 협업을 하지요. 학습공동체는 건강한 목적을 가지고 오는 사람들, 인생을 한 차원 더 높이 발전시키려고 오는 사람들이 대부분입니다. 건전한 목표를 가진 사람들과 함께하는 학습의 여정에서 더 괜찮아지는 나 자신을 발견하기도 하고요.

의미를 찾고 학습을 추구하는 사람들은 성향도 비슷한 경우가 많습니다. 어쩌면 자신과 가장 비슷한 거울 대상과 같은 사람을 만날 수 있을지도 모릅니다. 나와 비슷한 성장 욕구, 나와 비슷한 에너지 수준을 가진 사람들과 상호 협력하고 때로는 경쟁하면서 건강하고 의미 있는 관계를 맺을 수 있을 겁니다.

꼭 학습이 아니더라도 지역사회 문제를 비즈니스 방식으로 해결하는 커뮤니티에 참여하거나, 지역사회에 기여하면서 기술을 습득할 수 있는 공간을 찾아가거나, 지역사회 서비스 프로그램에 참여하는 것도 좋습니다. 인간관계와 함께 개인적 성장을 원한다면 성장 자조 모임이나 자기계발 워크숍을 찾아보는 것도 유용한 방법입니다. 이러한 모임도 상호 지지와 격려를 통해 정서적 지원을 주고받으면서 개인의 성장에도 도움을 주지요. 최근에는 온라인 커뮤니티도 많습니다. 시공간에 구애받지 않고 다양한 연령대의 사람들이 모이도록 열려 있으니 기꺼이 찾아보시고 꾸준히 참여해보시기 바랍니다.

또 하나 빠질 수 없는 것이 있지요. 바로 팬덤입니다. 특히 중년 팬덤의 경우는 공통의 관심사를 가진 사람들이 모여 소통하고 교류하며 새로운 문화 르네상스를 이루고 있습니다. 예를 들어 가수 조용필의 팬클럽 '미지의 세계'나 이승철의 팬클럽 '새침떼기', 임영웅의 팬클럽 '영웅시대'에 속한 사람들은 자신이 좋아하는 가수에 대한 열정을 공유하며, 이를 통해 새로운 친구를 사귀고 남다른 유대감을 형성하고 있습니다. 팬덤 활동은 단순히 좋아하는 콘텐츠를 소비하는 것을 넘어, 함께 좋아하는 대상을 응원하고 그 대상의 성장을 지켜보는, 나아가 성장을 돕는 경험을 나누며 깊은 관계를 형성할 수 있습니다. 팬덤 활동을 통해 소속감과 정서적 지지를 얻는 것이지요. 팬들은 서로 비슷한 감정과 경험을 공유하기 때문에, 일상에서 느끼는 스트레스나 외로움을 해소하는 데도 도움을 줍니다. '우리의 스타'를 보며 기쁨과 젊음을 함께 구가한다면, 우리는 친구입니다.

등산, 영화, 마라톤, 발레 등 함께하는 취미 동호회도 활발하지요? 요즘은 SNS를 비롯해 중고 기래 사이트에서도 동네 술 모임이나 당구 모임 같은 친목 모임이 형성되기도 하더군요. 새로운 경험과 자극으로 소속을 이룬 이들이 서로 정서적으로 지지하며 세월을 녹여간다면 모두 친구입니다. 공부로, 관심사로, 팬덤으로, 취미로 열광하고 성장하며 새 관계의 망을 만들어가시기 바랍니다. 그 망 속에서 우리 역시 새로이 부화할 겁니다.

# 반드시 정리해야 할 3대 독성관계

**가스라이터, 그루머, 중독자**

'친구인 듯 친구 아닌 친구 같은 너~!' 이런 사람들 있죠. 사람 간 보면서 살살 달래 이용하다가 필요한 순간에 명확하게 등치는 부류죠. 이처럼 살아가며 멀리해야 할 부류, 그중에서도 완전히 손절해야 하는 사람도 분명 있어요. 특히 치명적인 독버섯 같은 인간들 말입니다. 마치 먹을 수 있는 듯 버섯인 척 버젓한 모양을 하고 있지만 먹었다간 큰일나죠. 이런 사람들은 친구의 탈을 쓰고 있지만 반드시 손절해야 하는 부류로, 현실의 악마는 아주 평범한 모습을 하고 있답니다.

나를 거절하는 사람들과 인연을 끊어버리라는 말이 아닙니다. 독버섯 같은 인간들과 나를 거절하는 사람은 다릅니다. 나를 거절하는 사람들은 나의 제안이나 부탁을 거절하는 것이지 내 존재 자체를 거절하는 것은 아닌 경우가 많아요. 때로는 내 부탁이 과했을 수도 있고, 또 그 친구가 내 부탁을 들어줘야 하는 의무를 지닌 것도 아니니까요. 내 부탁을 들어주지 않더라도 다른 면에서 나와 함께해주는 친구라면 손절하는 당사자가 문제일 수 있다는 점만 기억하기로 하죠.

우리가 손절해야 하는 관계는 이른바 독성관계toxic relationship 입니다. 이런 인간들과 함께 지내면 우울증, 불안, 외상 후 스트레스 장애PTSD와 같은 심각하고 장기적인 정신건강 문제를 겪을 수 있어요.[25] 강한 스트레스를 지속시키고 엄청난 감정적 소모를 초래하니, 살아도 사는 게 아닌 상태가 되어버리고요. 게다가 독성관계는 한 사람의 사회적 네트워크를 급격하게 약화하고, 사람을 고립시켜요. 이런 관계가 지속되면 자살 위험까지 높아집니다. 정신적·정서적·신체적 건강에 심각한 해를 끼치고 삶을 망가뜨리는 독성관계는 빨리 알아차리는 것이 중요하고, 반드시 손절해야 합니다.

그럼 우리 삶에서 정리해야 할 독성관계를 정리해드리겠습니다. 바로 정리 대상 일순위인 3대 인류, 가스라이터, 그루머, 중독자입니다.

## 가스라이터, 내 마음과 정신의 점령자

먼저 가스라이터입니다. '가스등 효과'라고도 하는 가스라이팅은 상대방의 현실 감각을 왜곡하고 자신감과 자존감을 무너뜨리는 심리적 학대의 한 형태죠. 가스라이터들은 설득력이 뛰어납니다. 우습게 보시면 큰코다치죠. 자신의 마음을 스스로 의심하게 만들어 현실 감각과 판단력을 잃게 만듭니다. 그리고 그 사람 머릿속에 들어가 상대를 완벽히 지배하죠. 최종적으로 그 사람에 대한 지배력을 통해 금전을 갈취하든, 통제욕을 충족하든, 심리적 만족을 얻든 자신을 위한 이익을 실현합니다. 워낙 집요하고 교활하게 통제를 시도하기 때문에 가스라이팅을 당하는 사람은 당최 자신이 어떤 일을 당하고 있는지 파악하지 못해요. 그래서 위험 신호를 미리 알아둬서 의심이 드는 순간에 체크해봐야 가스라이터에게서 벗어날 수 있습니다. 다음은 정신분석가인 로빈 스턴이 제시한 가스라이팅 위험 신호 12가지입니다.[26] 만약 누군가 여러분에게 가스라이팅을 하고 있는 것은 아닌지 조금이라도 의심된다면 한번 체크해보세요. 피해자가 이를 스스로 눈치채기란 무척 어렵습니다.

| 가스라이팅 위험 신호 12가지 | | | |
|---|---|---|---|
| 번호 | 문항 | 그렇다 | 아니다 |
| 1 | 더 이상 내가 생각했던 과거의 내가 아니라고 느껴진다. | | |
| 2 | 예전보다 더 불안하고 자신감이 떨어진다. | | |
| 3 | 종종 내가 너무 과민반응을 하는 것이 아닌지 의문이 든다. | | |
| 4 | 내가 하는 모든 것이 잘못된 것처럼 느껴진다. | | |
| 5 | 일이 잘못될 때마다 항상 내 잘못이라는 생각이 든다. | | |
| 6 | 너무 자주 나만 사과를 해야 한다. | | |
| 7 | 무언가 잘못되었다는 것을 알지만, 무엇이 잘못되었는지 정확히 알 수 없다. | | |
| 8 | 친구나 가족과 대화하는 것을 피하게 된다. | | |
| 9 | 연인이나 친구와의 대립을 무조건적으로 피하려 한다. | | |
| 10 | 친구나 가족으로부터 고립된 느낌을 받는다. | | |
| 11 | 결정을 내리는 것이 점점 더 어려워진다. | | |
| 12 | 절망감을 느끼고, 과거에 즐기던 활동에서 전혀 즐거움을 느끼지 못한다. | | |

많은 문항에 해당할수록 가스라이팅을 당하고 있을 가능성이 높은 겁니다. 위험 신호 항목을 보면 피해자는 자기 판단을 의심하게 되고, 자신이 겪은 사건이나 나눴던 대화에 대해 혼란을 겪어

요. '그때 내가 잘못 봤었나?', '아, 내가 착각했구나' 같은 생각을 자주 하고요. 가스라이터가 피해자에게 '너는 감정이 과장되었다, 부적절하다'라고 계속 지적하니까 옳고 그름이 계속 헷갈리고 자신을 믿지 못하게 되는 겁니다. 거기에 친구나 가족을 만나지 못하게 하니 정말 그런 것인지 물어볼 수도 없어 더욱 코너에 몰립니다. 내가 잘못을 했는지 안 했는지 판단도 어려운 상태에서 자꾸 나만 사과하게 되니, 가스라이터의 반응이 두려워서 잘못한 것이 없는데도 자꾸 자신의 행동을 숨기고 변명하게 되고요. 그러다 내 재산, 몸, 관계 할 것 없이 모두 그 사람 손아귀에 있다는 걸 알게 되었을 때는 이미 너무 많은 것을 잃은 후죠. 아, 정말 생각만 해도 끔찍합니다.

조언과 가스라이팅을 헷갈리시는 분들이 계시죠. 부모님의 잔소리나 배우자의 조언도 모두 가스라이팅이라 말하시는 경우인데요. 정신 차리세요. 완전히 다릅니다. 가스라이팅은 최종적인 이익이 가스라이터에게 갑니다. 반면 부모나 배우자의 조언과 잔소리는 성장과 돌봄이 목적이고 이익이 부모나 배우자에게 돌아가지 않아요. 구별해야 합니다.

문제는 가스라이팅을 눈치채는 것보다 거거서 빠져나오는 것이 더 어렵다는 점입니다. 정신적으로 지배당하고 있는 감옥에서

탈옥하기란 얼마나 어렵겠어요. 그래서 가스라이터를 끊어내는 데 도움이 되는 몇 가지 기술을 말씀드립니다. 꼭 기억하세요.

먼저 가스라이팅의 징후를 인식해야 해요. 앞서 가스라이팅 위험 신호를 점검해보시고 8개 이상 해당되면 매우 위험한 상태에 있는 겁니다. 일단 의심이 되면 제3자에게 물어보시면 좋습니다. 내 판단은 늘 부정당했기 때문에 자신의 판단에 대한 확신이 서지 않는 상태일 가능성이 높아요. 그러면서 내가 지금 어떤 상태에 있는지, 상대가 내 삶을 착취하는 것은 아닌지 인지해야 합니다. 이 과정을 가스라이터라고 생각되는 사람이 알지 못하게 하는 것도 중요합니다. 그는 또 나 자신을 의심하게 만들며 방해할 테니까요.

그다음은 나의 상태와 감정을 인정하는 것입니다. 가스라이팅을 당했다고 생각하는 순간, 등골이 오싹해지고 두려움이 엄습하고 화가 치밀어 오르죠. '나는 왜 이렇게 멍청할까' 하고 자조적인 생각도 들 겁니다. 그러나 이때 자신을 잘 살펴야 합니다. 지금 깨달은 것만으로도 다행, 아니 아주 잘한 일이에요. 더 늦었다간 지금보다 훨씬 심각한 상황이었을 테니까요. 나의 경험을 부정하지 마시고, 감정을 받아들이세요. 자신이 투자한 시간이 많고 틀렸다는 것을 내보이기 싫다는 이유로 잘못된 것인 줄 알면서도 나쁜 상황을 유지하는 경우가 있습니다. 이를 '인지부조화'라 하지요. 인지부조화에 빠지면 더 심각한 상황에 이를 수 있습니다. 잃은 건 그냥 버리세요. 지금부터가 훨씬 중요합니다.

가스라이팅이 의심되면 상황을 기록하셔야 합니다. 상대방이 여러분의 기억을 왜곡하려고 할 때 객관적 증거를 남겨두면 확인이 가능해요. 녹음이나 녹화도 좋습니다. 그러나 가능하면 직접 메모하시는 걸 권합니다. 단, 증거를 확보해두었다고 이걸 가지고 상대와 다투어 이길 생각을 하면 안 돼요. 상대는 당신 머리 위에 있다는 사실을 잊어서는 안 됩니다. 어디까지나 객관적인 상황을 확인하고 인지하기 위한 용도입니다.

가스라이팅임을 인지했다면 명확한 경계 설정에 들어가야 해요. 일단 가스라이터에게서 물리적 거리를 두세요. 만나자고 해도 거절하시고, 혹시 함께 거주하고 있다면 어떤 이유를 대서건 무조건 공간부터 분리하셔야 합니다. 이런 경우 다른 믿을 만한 사람의 도움을 꼭 받으시기 바라요. 가족, 친구, 지인 등 의지할 수 있는 누군가의 집에 잠깐 신세를 져서라도 그로부터 멀어져야 합니다.

나아가 가능한 상황이라면 속히 도망치세요. 거리를 두는 정도가 아니라 쫓아올 수 없도록 아득히 멀리 가시는 겁니다. 당신의 가장 취약한 지점을 낱낱이 알고 있는 그 '괴물'은 다시금 당신을 찾아 온갖 방법을 동원해 가까워지거나 당신이 직접 찾아오게 만들 겁니다. 협박을 하든 도움을 요청하든 화해나 용서를 구걸하든, 수단과 방법을 가리지 않고요. 확실히 말하지만, 착취자와는 어떤 협상도 해서는 안 됩니다.

가스라이팅을 인지하는 과정에서, 그리고 벗어난 후에도 꼭 주변의 도움을 받으세요. 혼자 해결하려 하지 마시고요. 가장 믿을 수 있는 부모, 친구들도 좋지만, 반드시 전문가의 도움을 받으세요. 가스라이팅을 당한 것은 가스라이터의 심리 조작 능력이 높은 것도 있었겠지만, 당신의 취약한 점이 상황을 악화시켰을 가능성도 있기 때문이죠. 반드시 최소 10회 이상 상담을 받으시면서 자신을 알아가시길 권합니다.

관계를 완전히 끝낸 후에는 모든 연락 수단을 차단하세요. 만약 돈을 빌려주었다거나 받아야 할 것이 있다면, 다른 사람에게 부탁해서 받아내세요. 절대 그 사람과 마주해서는 안 됩니다. 완전히 회복되어 자기 자신을 되찾기 전까지는 같은 상황에 노출되기 쉽습니다. 그렇게 그 관계는 지구 밖으로 날려버리세요. 이 세상에는 없는 겁니다. 아셨죠!

## 그루머, 당신의 취약성을 이용하는 착취자

그루밍이란 말은 들어보셨지요? 아마 뉴스에서 보셨을 겁니다. 원래 아동 성학대 범죄에서 사용된 단어죠. 가해자가 피해자를 성적으로 착취하기 위해 신뢰를 쌓아두고 심리적으로 조종해서 자신의 성적 욕망을 충족하는 성범죄입니다. 감정적인 유혹을 통해 상대를 착취하는 아주 악마적인 작태죠.

그루머들은 일단 친절과 관심을 보이면서 상대에게 충분한 신뢰를 확보하고 자신에게 의지하게 만들어요. 그다음 다른 사람들과 관계를 맺지 못하도록 통제하여 가해자에게 완전히 의존하게 하죠. 그 과정에서 피해자의 자존감을 무너뜨려서 가해자만이 피해자의 전적인 보호자라는 확신을 갖게 만듭니다. 그러면서 차츰차츰 경계를 허물어요. 가해자가 피해자의 신체와 심리의 경계를 아주 조금씩 침범해가면서 피해자가 가해자의 요구에 순응하게 만드는 거죠. 달콤한 말과 함께 선물도 주고 금전적 보상도 하죠. 그렇게 피해자가 가족과 친구들로부터 고립되고 가해자를 완전히 믿게 되었을 때, 성적 착취가 시작됩니다. 그리고 성적 착취를 비밀에 부치도록, 자신이 겪은 일을 함구하도록 해서 외부에 학대 사실을 결코 알리지 못하게 조종하고요. 이때는 심리적으로나 실질적으로나 완전히 가해자에게 종속된 상태이기 때문에 저항은 거의 불가합니다.

이건 애들 학대 이야기 아닌가 싶지요? 중년에게도 자주 발생하는 일입니다. 중년기라고 사춘기만큼의 고민과 고통이 없나요? 외로움을 못 견디거나 사회적으로 고립된 중년들도 있죠. 그루머들은 취약한 상황에 빠진 사람을 보면 나이와 무관하게 손을 뻗습니다. 피해자의 취약성을 악용해 신뢰를 쌓고 심리를 조종해 자신의 욕망을 채우려는 놈들이니까요. 최근에는 중년층도 SNS나 데이팅 앱을 활발하게 이용하니, 가해자가 접근하기도 쉽죠. 온라인 그루밍은 나이와 상관없이 발생합니다.

특히 경제적으로 취약한 중년이 그루밍의 대상이 되기 쉬워요. 가해자가 경제적 지원을 빌미로 접근해 피해자를 조종하고 착취할 수 있다는 겁니다. 그루밍은 가스라이팅과 유사해서 피해자의 자존감을 낮추고, 자신감과 판단력을 약화해요. 성인 피해자의 경우 수치심, 죄책감, 가해자에 대한 공포, 가족이나 친구들에게 상처가 될 것이라는 불안, 다른 사람들이 믿지 않거나 오히려 탓할 것이라는 두려움 등의 요인으로[27] 성적 그루밍 피해를 오히려 긍정적인 경험으로 잘못 인식하는 경우가 많고, 혼란, 죄책감, 두려움, 위협 등의 요인으로 피해 사실이 잘 알려지지 않습니다.

심리학자 그랜트 시나몬에 따르면 성인 대상 성적 그루밍에
는 7단계가 있어요.[28] 2017년부터 시작된 유명한 정신과의사의
그루밍 사건을 설명의 예로 들어볼게요.

| 단계 | 내용 | 예시 |
|---|---|---|
| 피해자 선택 | 가해자는 착취할 수 있는 취약한 피해자를 찾는다. | TV에 나오는 유명 의사인 가해자가 자신의 유명세를 듣고 병원을 방문한 환자 중 피해자를 선택함. |
| 정보 수집 | 가해자는 피해자에 대한 정보를 수집하여 관계를 형성할 준비를 한다. | 피해자와의 상담 과정에서 강점, 약점, 가장 취약한 특성들을 파악함. |
| 개인적 연결 형성 | 가해자는 피해자와 개인적 연결을 형성하여 신뢰를 쌓기 시작한다. | 외모를 칭찬하고 힘든 일에 공감을 표하면서 유대를 쌓고, 피해자 앞에서 유명 연예인과 통화하며 친분을 과시함. |
| 신뢰 확보 | 가해자는 피해자의 필요를 충족시키고 신뢰를 확보한다. | 1년 안에 낫게 해주겠다, 싸구려 약을 주는 다른 병원과 달리 당신에게만 특별하고 좋은 처방을 하겠다고 현혹하고, 개인 SNS 계정 알려주며 수시로 상담함. 비트코인 투자를 권유했다가 피해자가 돈을 잃자 돈을 보존해주기도 함. 고가의 옷과 화장품 등을 선물함. |

| 단계 | 내용 | 예시 |
|---|---|---|
| 피해자 준비시키기 | 가해자는 피해자를 준비시키고, 피해자가 친구와 가족으로부터 고립되도록 유도한다. | 자신과의 관계를 비밀에 부치게 하고 어머니에게 상담 내용을 말하지 말라고 명령함. 가족에게 짜증을 내고 욕을 하라고 유도함. |
| 성적 접촉 유도 | 가해자는 점진적으로 성적 접촉을 유도한다. | 아내와 합의하에 자유 연애를 한다며 연인 관계라고 믿게 하며 성적인 관계를 맺음. |
| 피해자 통제 | 가해자는 피해자와 피해자의 환경을 통제하여 착취 관계를 유지한다. | 어머니로부터 독립하려면 칼을 들고 자해 소동을 일으키라고 유도함. |

성인 그루밍 피해의 경우 '화간', 즉 서로 좋아서 그랬다는 식으로 오해받기 쉽습니다. 그러나 이에 대해서는 공정식 박사의 얘기를 들어보세요. "성인 간의 성적 길들이기는 일반적인 연인 관계인 성인들에게도 발견되는 현상이라는 점에서 범죄적 의미의 성인 간 성적 길들이기와 사랑하는 연인 간 성적 길들이기를 구분하는 것은 쉽지 않다. 물론 사랑하는 연인 간이라도 일방적인 성관계가 지속되고, 이에 길들여진 피해자가 가해자의 일방적인 성적 요구에 저항할 힘이 없어서 대부분 굴복하는 형태의 성관계를 유지하고 연인 간의 관계 종료 권한도 오로지 가해자에게만 있다면, 이

는 연인 간에 불균형이 분명한 성관계이므로 강간과 다를 바 없다. 따라서 이는 현행법상으로도 충분히 처벌이 가능한 강제적 성행위라고 할 수 있을 것이다."[29] 아주 속이 다 시원합니다.

나이가 들어도 그루밍에 취약할 수 있다는 점을 기억하시고, 내가 취약한 지점을 알아두시는 것도 중요합니다. 스스로를 가장 잘 아는 나이라고 생각하지만 여전히 자신을 알지 못해 헤매는 일이 태반이니, 과도한 자기 확신에 빠지지 말아야 할 겁니다. 개인의 심리적 취약성 때문에 피해자가 되는 건 남녀노소 빈부귀천을 가리지 않습니다.

그루밍이라는 것을 안 순간, 도움을 청하고 도망치세요. 성인 대상 그루밍은 오해를 많이 받고 피해자가 고통을 호소함에도 손가락질당하는 경우가 많아요. 주변인에게 도움을 청하기 어려운 경우, 여성 긴급전화 1366으로 꼭 연락하셔요. 가스라이팅과 비슷해 보이지만, 그루밍은 대개 성적인 문제라 주변인들에게 알리기를 몹시 부끄러워하죠. 그러니 이러한 문제에 대처한 경험이 쌓여 있는 전문 기관으로 바로 연락하시는 게 좋습니다. 비밀도 보장되니 걱정하실 필요 없습니다. 심리 지원을 포함해 실질적인 도움을 바로 드릴 겁니다. 전화를 거는 순간 물리적 분리와 심리적 분리가 일어난다는 걸 꼭 기억하시고 용기를 내셔야 합니다.

## 돌봄중독, 공동의존, 동반의존을 부르는 중독자

알코올 중독, 도박 중독, 약물 중독, 폭력 중독, SNS 중독과 게임 중독까지. 현대 사회는 중독의 세상이죠. 대부분 중독에 빠진 사람에게 주목하지만, 저는 그 가족들에게 훨씬 관심이 많아요. 이들은 대부분 '돌봄중독자', '공동의존자', '동반의존자'이기 때문이죠. 세 단어는 거의 같은 말입니다. 일단 동반의존 혹은 공동의존의 예를 들어보겠습니다.

반복되는 사업 실패로 7년 전부터 술을 입에 대기 시작한 영기(가명) 씨는 48살인 지금, 하루 소주 3병을 마시고 안주는 거의 먹지 않는다. 아침에 소주를 한 병 반 정도 마시고 거실 소파에서 잠들었다가 오후에 깨서 소파 옆에 둔 쓰레기통에 먹은 걸 다 토해낸다. 씻는 일도 좀처럼 없는 영기 씨는 바로 남긴 반 병의 소주에 나머지 한 병을 더 마시고 다시 잠이 든다. 오후 7시 정도면 마트에서 일을 하는 아내가 집에 도착해 남편이 술을 개워낸 쓰레기통을 치우고 수건을 적셔 남편의 얼굴과 온몸을 닦는다. 함께 사는 친정어머니는 술에 만취한 사위에게 해장국을 끓여주려고 다리를 절뚝이며 나온다. 7년 째 반복되는 일상이다. 아내는 휴가 한 번 써본 적이 없고, 늘 남편 걱정 뿐이다. 이혼도 생각해봤지만, 이혼하면 이 남자를 누가 봐주나 하는 마음에 접게 된다.

전형적인 알코올 중독 남편이고, 전형적인 동반의존 아내입니다. 동반의존이란 중독자 가족에게서 발생하는 심리 현상으로 자신을 필요로 하는 상대(위의 사례에서는 알콜 중독자 남편)를 통해 자신의 욕구를 충족하고 존재 가치를 느끼면서 자신 또한 상대방에게 의존하게 되는 현상을 말해요. 남편은 알코올 중독, 아내는 돌봄 중독인 거죠.

여러분은 누군가를 돌보느라 내 인생을 완전히 포기하고 있지는 않나요? 전형적인 '성인아이' 양상을 보이는 사람들에게 동반의존이 생각보다 흔하게 나타납니다. 성인아이란 건강하지 못한 가정에서 자라면서 형성된 낮은 자존감, 감정 표현의 어려움, 의존적 성향, 불안에 대한 민감성, 너무 강한 책임감이나 무책임함 등을 보이는, 마음이 충분히 자라지 못한 채 성인이 되어버린 '아이 같은 어른'을 가리키는 말입니다. 혹시 가족에게 지나친 책임감을 느끼거나 가족의 모든 문제를 짊어지고 있진 않나요? 다른 이를 돌보느라 자신을 돌보는 일은 꿈꿀 수도 없나요? 가족 중에 알코올 중독자나 환자가 있나요? 자, 여기 내가 동반의존 상태인지 알아볼 수 있는 체크리스트가 있어요. 문항이 좀 많습니다만, 깊이 생각하지 마시고 맞다는 생각이 드시는 순간 바로 체크하시면 됩니다. 아래 문항들은 여러분이 자신과 인생, 그리고 자신을 둘러싼 일이나 환경에 대해 어떻게 느끼고 있는지를 알아보기 위한 것입니다.

| 번호 | 문항 | 그렇다 | 아니다 |
|---|---|---|---|
| 1 | 나는 나 자신만을 위한 시간을 매주 충분히 마련한다. | | |
| 2 | 나는 사람들을 만나고 난 후에 자신을 비판하는 경우가 많다. | | |
| 3 | 사람들이 나에 대한 어떤 것을 알게 되더라도 나는 별로 창피하지 않다. | | |
| 4 | 가끔 내가 허송세월하고 아무것도 이루지 못했다는 생각을 하게 된다. | | |
| 5 | 나는 내 자신을 충분히 돌본다. | | |
| 6 | 남이 나를 괴롭혀도 아무 말 하지 않는 것이 좋다고 생각한다. 괜히 지적하면 싸움만 하게 되고 사람들의 기분을 상하게 만들기 때문이다. | | |
| 7 | 내가 자랄 때, 우리 가족이 나누던 대화 방식에 만족한다. | | |
| 8 | 때때로 내 기분이 정말로 어떤지 모를 때가 있다. | | |
| 9 | 내 애정 생활에 매우 만족한다. | | |
| 10 | 최근에 자주 피로감을 느낀다. | | |

| 번호 | 문항 | 그렇다 | 아니다 |
|---|---|---|---|
| 11 | 내가 자랄 때, 우리 가족은 어떤 문제든 터놓고 이야기하는 편이었다. | | |
| 12 | 슬프거나 화날 때 겉으로는 행복한 척할 때가 자주 있다. | | |
| 13 | 내 인생에서 맺은 인간관계에 만족한다. | | |
| 14 | 시간과 돈에 여유가 있더라도, 혼자 휴가를 떠나는 것은 불편하다. | | |
| 15 | 내가 매일 해야 하는 모든 것에 충분한 도움을 받고 있다. | | |
| 16 | 나는 지금보다 훨씬 더 많은 일을 성취하고 싶다. | | |
| 17 | 우리 가족은 내가 자랄 때 자신의 느낌이나 애정을 표현하도록 가르쳤다. | | |
| 18 | 나는 윗사람(직장 상사, 교사 등)들과 대화하기가 어렵다. | | |
| 19 | 아주 혼란스럽고 복잡한 인간관계에 처해 있어도, 나는 거기서 빠져나오는 데 별 어려움이 없다. | | |
| 20 | 나는 자신이 누구인지 내 인생이 어디로 흘러가고 있는지에 대해 혼란을 느낄 때가 가끔 있다. | | |
| 21 | 나는 내 자신의 욕구를 처리하는 방법에 만족한다. | | |
| 22 | 나는 내 직업 경력에 만족하지 못한다. | | |
| 23 | 나는 보통 내 문제들을 조용하게 그리고 직접적으로 처리하는 편이다. | | |
| 24 | 나는 다른 사람에게 상처를 주거나 그들이 나를 덜 좋아하게 되는 것을 원치 않아서 내 감정을 자주 숨긴다. | | |

| 번호 | 문항 | 그렇다 | 아니다 |
|------|------|--------|--------|
| 25 | 나는 내가 "판에 박힌 일상적인 생활"을 한다고 자주 느끼지는 않는다. | | |
| 26 | 나는 친구 관계가 만족스럽지 않다. | | |
| 27 | 상대가 내 기분을 상하게 하거나 내가 싫어하는 일을 할 때 상대에게 그것에 대해 별 어려움 없이 말한다. | | |
| 28 | 친한 친구나 친척이 내가 해줄 수 있는 이상의 무리한 요구를 하더라도 나는 보통 승낙한다. | | |
| 29 | 나는 새로운 문제에 직면하는 것을 좋아하며 문제에 대한 해결책을 잘 찾는다. | | |
| 30 | 나는 내 어린 시절에 대해 좋게 느끼지 않는다. | | |
| 31 | 나는 내 건강을 염려하지 않는다. | | |
| 32 | 누구도 나를 정말로 이해하지는 못한다고 자주 느낀다. | | |
| 33 | 나는 대부분의 시간에 조용하고 평화롭다고 느낀다. | | |
| 34 | 내가 원하는 것을 남에게 요구하는 데 어려움을 느낀다. | | |
| 35 | 나는 사람들이 내가 원하는 것 이상으로 나를 이용하도록 내버려두지 않는다. | | |
| 36 | 가까운 관계들 중 최소한 하나는 불만족스럽다. | | |
| 37 | 나는 중요한 결정을 매우 쉽게 내린다. | | |
| 38 | 나는 새로운 상황에서 자신을 내가 원하는 만큼 신뢰하지 못한다. | | |
| 39 | 나는 언제 내 주장을 해야 하고 언제 남의 뜻에 따라야 할지 잘 알고 있다. | | |

| 번호 | 문항 | 그렇다 | 아니다 |
|---|---|---|---|
| 40 | 내 일에서 벗어나 더 많은 시간을 갖고 싶다. | | |
| 41 | 나는 내가 원하는 만큼 자발적이다. | | |
| 42 | 혼자라는 것은 나에게 문제가 된다. | | |
| 43 | 내가 사랑하는 사람이 나를 괴롭힐 때 그것을 지적하는 데 어려움이 없다. | | |
| 44 | 나는 너무 많은 일이 한꺼번에 밀어닥쳐서 어느 하나도 제대로 처리하지 못할 때가 자주 있다. | | |
| 45 | 나는 다른 사람이 내 인생에 들어오는 것을 허용하고, "진정한 내 모습"을 드러내 보이는 것이 매우 편안하다. | | |
| 46 | 나는 내가 한 말이나 행동에 대해 다른 사람에게 너무 많이 사과한다. | | |
| 47 | 나는 사람들에게 화가 났을 때, 사람들에게 내가 화난 것을 말하는 데 아무 문제가 없다. | | |
| 48 | 해야 할 일은 너무 많은데 시간은 충분하지 않아서, 때때로 일을 다 미루어놓고 어디론가 떠나고 싶다. | | |
| 49 | 내 인생에서 내가 했던 일들에 대해 별로 후회는 없다. | | |
| 50 | 나는 자신보다 남을 더 생각하는 편이다. | | |
| 51 | 내 인생은 대부분 내가 원했던 대로 되어왔다. | | |
| 52 | 사람들이 나를 괴롭히는 일을 할 때조차도 내가 남을 너무나 잘 이해해주기 때문에 사람들은 나에게 감탄한다. | | |
| 53 | 나는 내가 남성·여성이라는 것이 만족스럽다. | | |

| 번호 | 문항 | 그렇다 | 아니다 |
|---|---|---|---|
| 54 | 나는 나와 친한 사람들의 행동에 당혹감을 느낄 때가 가끔 있다. | | |
| 55 | 내 인생에 중요한 사람들은 "진정한 나의 모습"을 알며, 나는 그들이 나에 대해 알고 있는 것이 괜찮다. | | |
| 56 | 나는 내가 할 일을 다 하고도 더 많은 일을 해야 할 때가 종종 있다. | | |
| 57 | 나는 나의 노력과 관심이 없으면 모든 일이 엉망이 될 거라고는 느끼지 않는다. | | |
| 58 | 나는 다른 사람들을 위해 너무 많은 일을 하고, 나중에는 내가 왜 그랬는지 의아하게 여긴다. | | |
| 59 | 나는 내가 자랄 때 우리 가족이 문제를 해결하던 방식들이 마음에 든다. | | |
| 60 | 나와 함께 무엇이든 할 사람들이 더 많았으면 좋겠다. | | |
| 짝수 번호 '그렇다' 표기　1점<br>짝수 번호 '아니다' 표기　0점<br>홀수 번호 '그렇다' 표기　0점<br>홀수 번호 '아니다' 표기　1점 | | | |
| • 30점 이상인 경우 중증의 동반의존 증상<br>• 35점 이상일 경우 입원 및 상담을 요하는 동반의존 증상 | | **총점**<br>:＿＿＿＿ | |

자, 채점 결과가 어떤가요? 누군가를 내 인생을 챙기지 못할 만큼 심각한 수준으로 돌보고 있다면, 그 일이 아니면 삶의 의미가 느껴지지 않는다면 꼭 상담을 받아보시기를 권해요. 저는 교양으

로라도 상담을 받으라고 말하는 편입니다. 자신을 들여다보고 분석하며 알아가는 그 과정이 자신에게 얼마나 좋은가요. 요즘은 무료 상담이 정말 많습니다. 저는 건강가정지원센터를 많이 권해요. 무료 상담이 가능하고 전문가들이 포진해 있죠. 이 검사의 고득점자라면 반드시 전문가를 찾아가 보시기 바랍니다.

제가 이런 긴 말씀을 왜 드렸을까요? 중독자를 내팽개치라는 말일까요? 아닙니다. 중독자와 오래 살다 보면 은연중에 자신을 완전히 잊어버려요. 인생에서 길을 잃고 맙니다. 중독자와 돌보는 자 모두요. 중독자는 반드시 자기를 돌보는 누군가를 지옥으로 끌어들입니다. 그러나 돌봄을 제공하는 사람은 대개 헌신적이고, 때로는 거룩해 보일 정도로 자신을 기꺼이 희생합니다. 단기의 희생은 아름답지만, 장기적 희생은 거의 100퍼센트 동반의존으로 가요. 그러니 독박 돌봄을 멈추어야 해요. 도움을 청하고 자신의 삶을 회복하는 과정이 필요하다는 거지요.

동반의존자들은 중독자가 떠나면, 또 다른 중독자를 찾아가기도 해요. 관계 중독이 바로 그래서 무서운 것이지요. 이 분들도 중독자만큼이나 치료적 돌봄이 절실합니다. 동반의존자들은 매사 걱정하고 집착하면서 상황을 악화시키는 고리를 완성합니다. 그래서 일단 분리가 필요해요. 중독자나 어떤 일에 붙들려 있을 때마다 자신으로부터는 더 멀어지고 진짜 자기와의 접촉이 차단되기에 분리를 강조하는 겁니다. 대상과 분리되어야 스스로 생각하고 느끼고 행동할 수 있게 되고, 시간이 지나면서 자신을 돌볼 수 있는 힘과 능력까지 회복하는 거죠. 그제서야 자신에 대한 통제력을 되찾는 겁니다.

여러분 곁에 도망치고, 피하고, 분리해야 하는 부류를 가까이 둔 사람이 있다면 꼭 도움을 주시고, 내가 바로 그 사람이라면 꼭 도움을 청하시기 바라요. 반드시 좋아질 수 있습니다.

**4장**

# "만나고, 관찰하고, 공부하라"

사회적 관계

# 혼자가 편하다는 당신이
## 알아야 할 것들
### 관계가 두려운 당신에게

혼자라 생각하면 정말 편합니다! 누구의 비위도 맞출 필요가 없고, 불필요한 감정을 소모하지 않으면서 나만의 시공간을 누릴 자유를 갖게 되죠. 피곤한 세상을 가장 피곤하게 만드는 인간관계의 블랙홀에서 벗어난 느낌이지요. 사람은 서로 기대서 살아야 한다지만 인간관계에서 받은 상처와 환멸로 인간에 대한 신뢰는 이미 바닥입니다. 좋은 사람들을 못 만나봐서 그런 걸까요? 나는 사주에 인복이 없나 싶기도 합니다. 정말 여러분이 인복이 없을 수도 있겠죠. 때로는 생각보다 내가 까다로운 사람일 수도 있고, 나를 비인간적으로 만드는 환경 때문일 수도 있습니다.

어릴 땐 친구들이 많았는데 점점 혼자가 편해지는 것도 나이 듦의 신호일까요? 지금껏 살아내면서 일상과 업무에 쓸리고 차이고 꺾이고 배신당한 경험들이 많았을 겁니다. 노력 대비 인간관계에서 얻은 소득이 별로 없었을 수 있고요. 이런 경험들이 쌓이면서 시간과 관계의 질이 비례하지 않음을 이해할 나이에 도달한 거지요.

인간관계는 왜 이렇게 어렵고, 불편하고, 힘들까요? 또 어찌나 긴장되는지, 어떤 사람을 처음 만나거나 새로운 장소에만 가도 어깨가 안으로 말리면서 위축되니 '내가 기가 약한 편인가' 이런 생각도 해보지요. 인간관계가 힘들어 가위눌린다는 사람들도 있습니다. 이런 높은 관계 긴장은 일종의 사회 불안입니다. 다른 사람과 함께 있으면 매우 예민해지고 불안도 높아지죠. 마음이 졸아드는 것을 넘어 실제로 가슴이 두근거리고 공황이 온 듯 답답한 느낌을 받고 자주 두통과 근육 긴장을 호소합니다.

사실 이런 불안과 긴장은 누구나 어느 정도 겪습니다. 다만 과하게 느끼는 사람도 있는 거지요. 사람은 모두 사회적 인격을 가지고 있어서 집단 속에 들어가면 다른 사람처럼 행동하고 말하는 경우가 많아요. 그래서 밖에서는 너무나 친절한 사람이 집에서는 냉랭하게 행동하기도 하지요. 인간은 사회적 동물이라 상황의 힘에 영향을 크게 받습니다. 특히 우리나라 같은 집단주의 문화가 강한 곳에서는 상황의 힘이 과도한 책임감을 주거나 이성을 마비시키는 무서운 힘이 되기도 합니다. 멀쩡한 사람도 상황의 힘에 이끌려 옴싹달싹못하게 되는 것이죠.

그러니 인간관계에서 느끼는 불안은 계속되는 기질이 아니라 잠시 머물렀다 가는 일종의 현상입니다. 낯선 사람을 만나거나 새로운 장소에 갔을 때 과하게 긴장된다면 어깨를 펴고 손을 주무르거나 심호흡을 하거나 한 곳을 집중적으로 쳐다보는 등의 방법으로 긴장을 완화할 수 있습니다. 만약 중요한 자리인 데다 불편해도 긴장을 풀 틈이 없다면, 안정액 같은 가벼운 약물도 사용해보세요. 아니면 기분전환 속옷도 매우 유용한 방법입니다. 나만의 안전속옷을 한 벌 정해놓고, 긴장되거나 우울한 날 일부러 그 속옷을 입는 거죠. 일종의 심리 부적과 같은 역할을 한다고 보시면 됩니다. 특히 상황의 힘에 자주 압도되는 분이라면 더욱 도움이 될 겁니다. 나를 지켜주는 심리 갑옷을 입었다고 생각하면 얼마나 안심이 되겠습니까. 기분전환 속옷은 아무도 모르게 나를 지키는 심리적 호위무사 역할을 톡톡히 할 겁니다.

## 우리를 불편하게 만드는 관계들

다만 모든 관계적 긴장이나 스트레스가 상황의 힘 때문은 아닙니다. 요즘은 사회생활을 활발하게 할수록, 인간관계를 넓게 맺을수록 자존감이 오히려 낮아지기도 합니다. SNS는 우리를 주눅 들게 하는 자랑 일색이라 볼수록 의기소침해지고 위축되고 자신감은 떨어지고 나만 한없이 초라해집니다. 나를 가장 믿어줘야 할 가족, 오랜 친구, 직장 동료가 가까이에서 나의 자존감을 깎아 내리는 자존감 도둑인 경우마저 있고요. 그러면 누가 나에게 뭐라 한 것도 아닌데 혼자 지레 겁을 먹고 눈치를 보게 되죠.

'주눅'이란 힘을 쓰지 못하고 움츠러든 꼴을 말합니다. 우리가 까닭 없이 주눅 드는 건 아닙니다. 나를 주눅 들게 하는 인간들이 있기 때문이죠. 직장에는 만사 지적질하는 인간, 비난의 혀로 칼춤을 추는 상사, 너무 잘난 동기들이 있을 수 있죠. 주눅 들게 하는 환경도 있습니다. 내가 이길 수 없는 능력을 가진 이가 바로 옆에 있을 때, 압도적인 아름다움 앞에 설 때, 잘난 사람과 비교당할 때, 능력 부족이 공개적으로 드러날 때가 바로 그런 환경이죠. 주눅 든 내 마음은 두려움, 수치심, 상대적 열등감으로 가득찹니다.

사실 우리는 사회적으로 어느 때 초라함을 느껴야 하는지 알고 있습니다. 나보다 훨씬 많은 것을 가진 사람 앞에 섰을 때가 아니라, 나보다 훨씬 적게 갖고도 단순하고 간소한 삶 속에서 삶의 기쁨과 순수성을 잃지 않은 사람 앞에 섰을 때 초라함을 느껴야 한다는 것을요.

그런 앎과 별개로 나를 위축시키고 주눅 들게 하는 부류는 분명히 있습니다. 먼저 약점 공략 유형입니다. 나를 친구나 동료가 아니라 경쟁자로 여기면서 외모, 가정환경, 능력, 학벌 등 뭐든 나의 콤플렉스가 될 만한 부분을 찾아 눈앞에서 지적하고 때로는 공개적으로 알려 나의 자존감을 공중분해시키려는 사람들입니다. 치졸한 악당이에요. 똑같이 나쁘지만 하는 짓만 다른 돌려까기 유형도 있죠. 직접적이기보다 간접적인 방식으로, 직설보다는 수사를 써가며 사람을 약 올리는 스타일입니다. 이를 테면 "똑똑한 애는 달라, 빠르게 퇴사하잖아" 이런 식으로요. 참으로 얄밉습니다. 그 혀와 머리를 선한 곳에 썼으면 인류의 현재가 달라졌을 겁니다. 세 번째 유형은 물귀신 유형입니다. 본인의 콤플렉스에 뜬금없이 나를 포함시키면서 나를 수직 낙하시키는 부류입니다. "우리같이 뚱뚱한 여자들한테는 이런 옷 안 어울려"라는 말처럼요. 누가 '우리'입니까. 어처구니없이 나를 자신의 콤플렉스에 편입시키고 거기에 말뚝을 박아버리는 사람들이지요.

한편 상대가 나에게 나쁘게 대하는 것은 아닌데, 친해지기 어렵고 괜히 불편하고 무서운 사람도 있습니다. 물론 모든 사람을 좋아할 수는 없다는 걸 알지만, 만나기만 하면 두려움과 어색함이 한번에 밀려옵니다. 어느 조직이나 모임에 가든 나만 그렇게 느끼는 사람들이 있을 수 있어요. 교회나 성당이나 절 같은 종교 단체에 가도 마찬가지고요. 특히 상사나 아우라 넘치는 동료에게서 그런 느낌들을 많이 받습니다.

유달리 나만 불편한 관계를 심리학에서는 대개 대상관계 이론으로 설명합니다. 대상관계 이론에 따르면 특정 사람과의 상호작용에서 느껴지는 불편함은 생애 초기 경험의 재현하는 것입니다. 어떤 사람이 부모와 같이 유아기 때 중요했던 인물과 유사한 특성을 가진 경우, 그 사람과의 상호작용이 과거의 두려움이나 불편한 감정을 불러일으켜 그대로 경험하게 한다는 겁니다. 예를 들어 어머니가 과도하게 통제적이었거나 자주 혼내는 사람이었다면, 어머니와 비슷한 사람과의 상호작용에서 심리적으로 어머니의 통제와 비난을 다시 경험하면서 불편함을 느끼는 거지요. 이러한 심리적 작용을 투사projection라고 부르는데, 자신이 과거에 느꼈던 감정이나 갈등이 현재의 대인관계에서 유사하게 재현되는 것을 말합니다.

이런 대상관계가 여러 관계에서 반복되면 거짓자기false self를 형성하기 쉬워요. 참자기true self(자신의 참된 모습)를 제대로 표현하지 못하고, 억눌렸던 유년기처럼 자신의 진정한 감정과 욕구를 억압하고 외부의 기대에 자신을 맞추려고 노력하게 되면서 어색함과 불편함이 생겨나는 것이지요.

나쁜 사람이 아닌 것도 알고, 싫은 것도 무서운 것도 아닌데, 심지어 주변 사람들도 그 사람에 대해 '괜찮아. 의외로 잘 받아줘'라고까지 하는데 나만 묘하게 어렵고 불편한 사람이 있다면, 그 이유를 대상관계에서 찾아보면 좋습니다. 물론 일방적 관계는 없으니 내가 불편하면 그 사람도 내가 불편할 겁니다. 그러니 불편함을 이해하고 이에 대처하는 것이 서로에게 좋은 일이죠. 만약 관계에서 불편함이 감지되면 나만 그 사람이 어려운지 아니면 다른 사람들도 그를 불편해하는지 잘 살펴보세요. 그러면 이게 나의 대상관계 문제인지 파악할 수 있습니다. 일단 내가 이상한 게 아니라는 걸 알면 안심할 수 있고요.

관계에서 느끼는 불편함을 최소화하는 방법

다만 나만 유달리 많은 사람을 불편하게 느끼고 그런 문제가 생애에 걸쳐 반복되었다면 자신을 점검해봐야 합니다. 이러한 관계 문제를 개선하려면, 다음 여섯 가지를 확인해보세요.

먼저 나의 마음 버튼이 눌리는 상황을 알고 있어야 해요. 이걸 심리학 용어로는 '의식화'한다고 말합니다. 내가 어떤 특성을 가진 사람을 가장 힘들어하는지, 어떤 순간이나 상황, 어떤 주제에 당황하는지 자세히 알아두세요. 비슷한 사람, 순간, 상황을 마주하면 다시 혼란에 빠질 테니까요. 문제를 구체적으로 알고 있는 것만으로도 훨씬 자유로워집니다.

다음은 내 기대치와 기준치를 점검해야 합니다. 사람들이 나에게 모두 친절하기를 바라는 것은 아닌지, 인간관계에 너무 높은 기대치를 가지고 있는 것은 아닌지 살펴야 합니다. 더불어 내가 상대를 호감이라고 생각하는 기준이 어느 정도인지도 생각해봐야 겠지요. 인간관계에 대한 기대치와 기준이 너무 높다면 의식적으로 조정하는 것도 필요할 수 있습니다.

한편으로는 나의 불완전함도 알고 있어야 해요. 내가 가진 선입견과 모순을 알면 관계가 한결 편해질 수 있습니다. 내 관계 콧대가 남들보다 높을 수도 있고 자존감이 낮아 오해를 자주 할 수도 있어요. 남의 말이나 시선에 감정이 쉽게 상하는 성격일 수도 있고, '이마가 좁으면 속이 좁다'는 말처럼 이상한 정보를 중심으로 타인을 판단하고 있을지도 모릅니다. 인간관계에 문제가 있다고 늘 상대방이 잘못된 것은 아니니까요.

다음은 역지사지입니다. 내가 그 사람이라면 어떨지 생각하면서, 그의 시선에서 나의 행동이나 표정, 태도를 점검해보는 것도 중요하죠. 내가 먼저 친절하게 대하지 않으면서 상대만 너무 호전적이라고 생각하지는 않는지도 봐야지요. 내가 친절해야 그도 친절하고, 내가 꾸준히 호의적으로 대하면 그의 태도도 바뀔 수 있으니까요. 입장을 바꾸어 생각하는 능력은 의식적인 훈련으로 충분히 향상될 수 있습니다.

내가 그 사람과 무의식적으로 경쟁하는 것은 아닌지도 살펴봐야 합니다. 무의식적 경쟁심의 징후는 여러 가지입니다. 대표적으로 상대방의 성공이나 성취에 질투나 불안을 느끼는 것, 상대방과 비교하여 자신을 과소평가하거나 과대평가하는 것, 상대방과의 대화에서 자신이 항상 우위를 점하려 드는 것, 자신의 능력을 과시하려는 것 등이 있지요. 또 상대방의 의견이나 아이디어를 비판적으로만 바라보려 하거나 상대방과 함께 있을 때 긴장하면서 스트레스를 받거나 상대방의 행동이나 말에 과민하게 반응하는 경우도 무의식적인 경쟁심이 작용하고 있다는 증거일 수 있습니다.

마지막으로 오이디푸스 콤플렉스를 점검하셔야 해요. 오이디푸스 콤플렉스는 프로이트가 제안한 개념인데, 아이가 이성 부모에 대해 성적 욕망을 느끼고 동성 부모를 경쟁자로 여기는 무의식적 감정을 의미하죠. 이 문제가 해결되지 않으면 성인기에 동성인 상사가 미워했던 부모와 유사한 태도를 보이면 무의식적으로 경쟁하려 들면서 불편함을 느낄 수 있어요. 이러한 경향은 내가 어쩔 수 없는 무의식에서 나타나는 현상이라 단순히 부모-자녀 관계뿐 아니라 연인 관계나 직장에서도 반복적인 관계 문제로 나타날 수 있습니다. 물론 오이디푸스 콤플렉스는 전문적 분석을 통해 다루어져야 하지만 이를 활용해 자신의 감정과 행동 패턴을 알고 개인적 감정과 직업적 관계를 구분하는 것만으로도 스트레스가 조금 가벼워질 수 있습니다. 그럼에도 상사가 바뀔 때마다 싸운다면 전문가에게 분석을 꼭 받아보시기 바랍니다.

## 불편하고 어려운 사람과 무던하게 지내는 방법

불편한 사람을 피하고 또 내가 느끼는 불편함을 최소화하려고 노력해도, 살다 보면 어쩔 수 없이 불편한 관계를 유지해야 할 때가 많습니다. 직장 상사라면 어쩔 수 없이 자주 봐야 하니까요. 그렇다면 잘, 아니 적어도 무던하게 지낼 수 있는 노하우가 필요하겠지요. 맘 편한 사회생활을 위한 원칙 말입니다.

일단 **표면적 관계**에 집중하세요. 불편한 사람을 그 영혼까지 사랑하는 것은 사실상 불가능합니다. 그건 인간의 영역을 넘어선 일이에요. 그러니 잘 지내려고 너무 애쓰지 마세요. 어떤 관계는 영혼을 나누지만, 어떤 관계는 수박 겉핥고 끝나기도 하는 겁니다. 필요할 때 도움을 주고받는 정도로 지내시면 그것만으로도 훌륭합니다.

하지만 선은 분명하게 알려야 해요. 가만히 있는 사람에게 먼저 나서서 선을 그을 필요는 없습니다. 다만 안 맞고 불편한 사람이 경우에 어긋나거나 내 삶을 무례하게 침범할 때는 '이러이러한 행동은 불편하니 삼가주세요'라고 기준선을 명확히 정해주어야, 상대방도 조심하게 됩니다. 안 그러면 불쾌한 상황이 반복되면서 관계가 더 불편해질 수 있습니다.

그러면서 안전한 거리를 유지하세요. 불편한 상대라고 나쁘게 지낼 필요는 없습니다. 내가 불편함을 느낀다면 상대는 대부분 알아차립니다. 그러니 너무 멀어지거나 적대하지 않도록 말 그대로 '사회생활'을 하시기 바랍니다. 그리고 다른 사람을 잘 대해주는 게 어렵지 못되게 대하는 것은 참 쉽지요. 내가 불편하게 느낀다는 이유만으로 무고한 사람의 뒷담화는 하지 마시기 바랍니다. 나에게 피해를 주는 사람이 아니라면 그냥 두세요. 불편한 것이 해로운 것은 아닙니다.

마지막은 외국인처럼 대하는 거예요. 누굴 만나도 반갑게 '헬로~' 하고 인사하는 그들의 방식을 따라 하는 겁니다. '살아 있는 인간이니 인사는 해준다', '원래 모르는 사람이다' 생각하고 오가며 가볍게 인사하세요. 낯선 나라에서 온 사람처럼 호기심을 갖고 지켜보고, 질문을 하면 대답해주시면 됩니다. 잘할 때는 더 칭찬하시고요. 대개 외국인을 대하면 이렇게 하지 않나요? 낯선 자를 대할 때처럼 최소한의 예의와 친절, 그리고 호의적인 호기심을 갖추라는 겁니다. 함께 지내야 할 사람인데 불편하다면, 존경은 못 하더라도 존중은 해야 합니다. 우리는 서로 인격적으로 대해야 할 인간이라는 점 기억하시기 바랍니다.

# '꼰대'는 나이를 가리지 않는다
**꼰대가 될까 두려운 당신에게**

　요즘 중년이 된 분들은 '꼰대가 될까 무섭다'라고 많이들 말씀하세요. 다들 꼰대보다는 존경받는 '어른'이 되고 싶어하시지요. 여러분은 스스로 '꼰대'라고 생각하시나요, 아니면 '어른'이라고 생각하시나요? 자, 일단 꼰대가 뭔지 알아야 꼰대인지 아닌지 판단할 수 있겠지요? 꼰대와 어른의 차이부터 살펴보자고요.

　일단 꼰대의 정의는 이렇습니다. '자신이 상대보다 나이가 많고 우월하다 생각하며 자기 확신이 매우 강하고 충고를 일삼는 권위주의적이고 특권의식에 빠진 사람.' 자신의 나이가 우월함의 근거라고 믿으며 자기 세계에 빠져 극강의 자기 기쁨과 가학의 기쁨을 교묘하게 누리고 우월감에 젖어 사는 사람이죠. 이와 대비되는 개념이 바로 '어른'이고요. 꼰대와 어른의 차이를 이렇게들 말하죠.

- 꼰대는 자신의 성공 스토리만 말하나 어른은 실패 사례도 말한다.
- 꼰대는 '라떼'(과거) 얘기만 떠벌리고 어른은 미래를 말한다.
- 꼰대는 사회적 지위 혹은 나이로 하대하고 어른은 아들딸 뻘인 사람에게도 존칭을 쓰며 배려한다.
- 젊은 세대와 한번 만났을 때 "다시 만나고 싶어요!"라는 소리를 들으면 어른이다.

이 이야기들의 평균값을 내보면, 꼰대는 수용력이 없고 자신의 고정관념에서 정답을 찾는 사람이라 메타인지가 부족하고 인지적 경직성이 높은 사람인 거지요. 그러나 꼰대는 시대 눈치와 대인 눈치가 떨어질 뿐이지, 사기꾼이나 갑질 인류나 폭력적인 부류와는 다르지요. 또, 위로는 아부하고 아래로는 호통치는 밥맛 인간이나 강자에 약하고 약자에 강한 치사한 인간과도 구분해야 할 겁니다. 대개 위로 원칙을 지키고 동시에 아래에도 동일한 원칙을 지키려는 사람이 꼰대라고 불리는 경우가 많아요. 시대에 늦고 살짝 막힌 느낌이 있지만, 대부분 비열하거나 치졸한 인간은 아닙니다. 꼰대는 일반적으로 나이가 많은 사람들, 특히 50대 이상의 남성들을 가리키고 주로 보수적이고 전통적인 가치관을 지녔지만 악당은 아닌 거죠.

MZ세대가 일명 '라떼'세대라고 부르는 꼰대들의 특성은 일명 '3주', 생각을 '주'입하고, 자기 '주'장만 하고, 모든 상황에서 '주'인공이 되고자 하는 것이죠. 성질도 무척 급해요. 그래서 일명 MZ의 '3요'와 라떼의 '3야'가 있다고도 하잖아요. MZ가 '3요'로 물으면, 라떼가 '3야'로 대답하는 겁니다. "이걸요? 제가요? 왜요?" "해보란 말이야! 지금 하란 말이야! 야~!"

## 꼰대의 유형과 대처법

하지만 꼰대도 다 같은 꼰대가 아닙니다. 꼰대도 유형이 있습니다. 먼저 조직 우선형이죠. 이 유형은 유능하고 조직에 매우 헌신적입니다. 잔소리를 하지만 능력이 있고 후배들을 기꺼이 도와주는 유형이니, 침 한번 꿀꺽 삼키고 업무 면에서만큼은 멘토로 삼아야 합니다. 둘째는 자기이익형이예요. 치사하면서도 엄청난 잔소리를 쏟아놓고, 오지랖은 천 리를 가요. 후배들을 기꺼이 희생하지만 자신에게 맞서는 이들은 수단과 방법을 가리지 않고 되갚아주니 후배가 정의의 이름으로 맞짱을 뜨면 부서가 바뀌기 전까지

내내 불똥이 튀죠. 인간미는 없지만 승부욕이 강하고 아부의 기술이 뛰어나서 승진에 능하고 조직에서 끝까지 살아남을 가능성이 크기에 다투어서는 안 될 유형이랍니다. 그리고 잘만 사귀어두면 불똥 튈 일도 없어요. 세 번째는 허세만렙형입니다. 어떻게 나이를 여기까지 먹었나 싶을 정도로 '라떼'를 외치며 이 회사를 모두 자신이 세운 듯 허풍이 세고 남의 공까지 자신에게 돌리려는 형이죠. 동료 사이에서도 인기 없는 형이고, 대개 후배들에게는 '동네 바보형' 정도로 취급을 받죠. 갑갑하긴 해도 사람은 착해요. 네 번째가 무례폭거형이에요. 아주 골치 아픈 유형이죠. 존중할 수 있는 인간이라고 보기 어렵습니다. 이들과 대면할 때는 반드시 녹음기를 켜두어서 증거를 수집해둬야 해요. 이런 꼰대를 만나면 생존본능이 커지게 되면서 파충류의 뇌라고 하는 '뇌간'이 활성화되죠. 뇌간은 뇌에서 생명유지를 담당하는 부분인데, 뇌간이 손상되면 뇌사에 이르게 됩니다. 뇌간이 활성화된다는 것은 유비적으로 오로지 생존만 하는, 곧 간신히 숨만 쉬는 삶을 살게 된다는 뜻입니다.

　그러나 대부분의 중년은 자신이 꼰대가 아닐까 걱정하는 '꼰대염려증'에 걸린 경우가 많아요. 혹시라도 꼰대 소리를 들을까 봐 전전긍긍하지요. 그 간절하고 재미있는 아재개그도 꾹 참고 있으니 말입니다. 그러나 기억하세요. 꼰대가 되는 것도, 꼰대가 아니게 되는 것도 모두 인간관계입니다. 노력하는 사람과 성정이 고운 이들에게는 누구나 마음의 문을 열고 곁을 내어줍니다. 시간이 얼마나 걸리는지는 사람마다 다를 순 있어요. 인간성은 마치 꽃과 같아서 시간이 흘러야 그 향과 모양이 온전히 드러납니다. 그러니 편견이나 선입견은 갖지 않는 게 좋죠. 어쩌면 꼰대가 되지 않으려 노력하는 중년들의 조심스러운 노크를 듣지 못하는 사람이 바로 꼰대일지도 모릅니다.

## '꼰대'가 되지 않는 다섯 가지 방법

사실 나이가 많아야만 꼰대인 건 아니잖아요. 젊은 사람들도 '아, 나 꼰대 다 됐나 봐'라고 말하며 고민합니다. 꼰대가 되지 않으려면 어찌해야 할까요. 꼰대 예방법 다섯 가지를 기억하세요.

먼저 우월적 지위는 잊으세요. 요즘은 직급명이 사라지고 있습니다. 큰 기업일수록 이전에는 대리, 팀장, 과장, 부장 따위의 직급명이 그 사람의 지위를 명료하게 알려주었다면, 이제는 '책임' 혹은 '매니저'나 '프로' 같은 명칭을 일괄적으로 사용하죠. 그도 그럴 것이 1~2년 주기로 부서 이동을 하면서 인사팀에서 과장이었던 사람이 기획팀에 가면 대리가 선임처럼 가르치는 경우도 흔하기 때문이죠. 어디 그뿐인가요. 이전에야 부장님 방이 따로 있었다면, 이제는 사원이고 과장이고 부장이고 할 것 없이 뻥 뚫린 공간에서 회사에 따라서는 파티션조차 없이 일하기도 합니다. 정말 위도 아래도 없는 세상이 오고 있어요. 게다가 요즘 후배들은 새로운 지식과 매체로 중무장하고 들어온 신문명인들이니 오히려 선배가 배워야 하는 세상이 되었죠. 우월적 지위란 게 아예 없어졌습니다. 나이나 입사 연도는 더 이상 지위가 아닙니다.

세상이 달라졌다는 것도 알아야 합니다. 지금은 21세기입니다. 인터넷이 막 활성화되던 2000년대 초반만 해도 하루에 만나는 정보가 1인당 7만 5천 개였죠. 그러나 2030년이 되면 우리는 하루에 1인당 13만 개의 정보를 만나게 된다고 합니다. 옛날에야 정보를 먼저 아는 사람, 많이 아는 사람이 스승이고, 선배고, 부모였죠. 지금은 아닙니다. 지금은 챗GPT, 제미나이Gemini, 퍼플렉시티Perplexity 같은 생성형 인공지능들이 수두룩하게 나오면서 정보를 어떻게 재구성하고 재처리하는가가 능력이 되었어요. 그러니 '왕년'의 기술들은 녹슨 경첩이 되었습니다. 경첩이라는 말도 정말 오랜만에 써보네요. 이제는 후배들에게 물어보고 배워야 하는 세상이죠. 우리의 경험도 여전히 의미 있겠으나, 그 영향력은 계속해서 줄어들 수밖에 없습니다. 세상에 적응한다는 말은 때론 지금처럼 늙음이 젊음에게 묻는 것도 포함한 말이지요. 말을 바꿔 보자면, 유능한 자에게 배워야 합니다.

청년 시절을 돌아보는 것도 잊지 말아야 합니다. 젊은 시절, 그 답답했던 내 선배들을 내가 어떤 눈으로 보았는지, 어떤 선배가 존경스러웠고 어떤 선배가 밉상이었는지 말입니다. 그때도 꼰대의 특성은 단순히 업무만의 문제가 아니라 인간성과 대인관계 기술에 기반한 평가였다는 점을 기억해야죠. 우리의 올챙이 시절을 돌아보는 것만으로도 '좋은 선배'와 '나이스 꼰대'의 모델을 추출해낼 수 있지요.

다른 이를 심판하지 마세요. 여러분은 함께 일하는 선배지, 도덕 선생님이나 판사가 아닙니다. 후배의 실수에 대해 도덕적 판단을 한다거나 진위를 판단한 후 해결 방안이나 예방이 아닌 처벌에만 방점을 둔다면 살아남을 관계가 없을 겁니다. 만약 후배, 젊은 이들과 여러분을 나란히 두고 능력으로만 따진다면, 그야말로 설 자리가 없어질지도 몰라요. 요즘 청년들이 얼마나 유능합니까. 영어와 제2외국어는 기본이요, 각종 자격증으로 중무장하고, 해외에도 자유롭게 오가며 글로벌 융통성까지 갖춘 이들이 수두룩해요. 심지어 키도 크고 외모도 훨씬 잘 가꿉니다. 하지만 M세대는 절망의 세대이자 완벽주의로 인한 불안이 높은 세대이고, Z세대는 세월호부터 코로나까지 잃은 게 너무 많은 세대라 상실의 세대라고 하잖아요. 당당함을 넘어 뻔뻔하기까지 한 것처럼 보이는 이 두 세대의 마음속에 웅크리고 있는 불안과 상실을 조용히 읽어주시면 좋습니다. 일에 대해서는 논하더라도 이들의 삶에는 개입도 심판도 하지 않기 바랍니다.

마지막으로 원칙을 지키세요. 선배는 부모와 비슷한 특성을 지니면 좋아요. 바로 일관성이죠. 일관성 있는 사람은 엄격하건 보드랍건 예측이 되지만, 이랬다저랬다 하는 사람은 도무지 적응할 수 없습니다. 옛날에야 더러워도 꾹 참고 지냈지만, 지금의 젊음은 결코 참지 않아요. 사직서 없이 안녕!입니다. 원칙은 아주 선명해요. 침범하지 않는 겁니다. 그의 시간, 공간에 함부로 침범하면 안 돼요. 미리 약속하고 합의된 선을 지켜주면 됩니다. 20세기에는 가장 어려웠고 21세기에는 당연해진 원칙이죠.

꼰대라는 말이 '번데기처럼 주름이 주글거리는 늙은이'라는 뜻의 영남 사투리 '꼰대기'에서 왔다는 설도 있고, 일제강점기 시절 이완용 등 친일파들이 백작 작위를 수여받은 후 자신을 '꼰대'(백작을 가리키는 프랑스어 '콩테Comte')라고 자랑스럽게 칭한 데서 유래했다는 설도 있더군요. 메이지 유신 이후 백작, 공작 등의 작위를 수여했던 일본이 경술국치 이후 우리나라 친일파들에게도 각종 작위를 줬고, 그때 백작 작위를 받은 친일파들이 보여준 행태를 '꼰대 짓'이라 말하기 시작했다는 거죠.[30]

그 어원이 무엇이건 꼰대 되기를 두려워할 필요는 없어요. 맘에 안 드는 사람이라면 꼰대가 아니라 양반, 정승이라도 꼰대보다 더한 호칭으로 불릴 겁니다. 꼰대라는 말을 듣는다면 다소 답답해도 만날 만한 사람이고, 선배로서 대할 만하다는 말로 여기셔도 괜찮을 겁니다. 젊은이들의 입에 아직 살아 있는 게 어딥니까.

# 내 삶을 지키는 정중한 거절의 기술

이 세상에는 두 종류의 사람이 있지요. 거절당할까 봐 쩔쩔매는 사람, 그리고 거절을 못 해 인생이 꼬이는 사람! 맞죠? 자, 여러분 중에 거절 잘 못 하시는 분들 손들어 보세요! 여기저기 난리 났습니다. 전 국민이 손을 들어요. 회사에서 남들 하기 싫은 일은 다 나에게 몰리고, 너무 피곤해도 친구가 '뭐해? 잠깐 나올래?' 하면 '미안한데 다음에 봐도 될까?'라는 말이 절대 안 나와요. 그렇게 결혼까지 한 분도 계실 겁니다.

친구들 사이에서도 마찬가지죠. 아무 때나 수시로 전화해서 자기 애 학원 데려다달라, 반찬을 만들어달라, 5만 원만 꿔달라 등등 뻔뻔하기 이를 데 없이 밤낮으로 전화해서 사람을 괴롭히며 노예 부리듯 하려는 인간들이 꼭 있어요. 좋은 마음에서 한두 번 해주었더니, 호의를 권리로 받아들이는 경우가 있잖아요. 이젠 고맙다는 말도 없이 당연하다는 듯 사람을 오라 가라 하니 정말 어이없고 화가 나는데, 다음 날 또 그 부탁을 들어주려 가고 있는 내 발을 째려보게 된단 말이죠. 걸어가면서 혼잣말하죠. '이 화상아, 그 푸대접을 받고 거길 또 가냐!'

회사에서 동료가 업무를 부탁하면 거절하지 못하고 싫은 티도 내지 않는 참 좋은 사람들 많죠. 하지만 그 모습은 진짜 모습이 아니죠. 알고 보면 불평할 줄도 알고 불만도 많은 사람이고 집에 돌아가서 배우자에게 회사에서 있었던 억울한 일들에 대한 하소연을 마구 쏟아낼 겁니다. 굳어진 착한 사람 이미지를 바꾸고 싶은데 그것도 힘에 부쳐서 쉽지가 않아요. 아, 도대체 왜 거절을 못 하는 걸까요? 거절 잘하는 방법 어디 없을까요?


### 나는 왜 남의 부탁을 거절하지 못할까?


그 방법을 전 국민이, 아니 전 세계인이 궁금할 겁니다. 그런데 거절을 잘 못 하는 데는 여러 심리적 이유가 있을 수 있어요. 거절을 어려워하는 사람들은 어떤 특징을 갖고 있는 걸까요?

심리학에는 거절민감성rejection sensitivity이란 말이 있습니다. 거절을 민감하게 인지하고 거절당할 것을 예상하여 과도하게 행동하는 성향을 말하죠. 거절민감성이 높으면 거절 단서에 대단히 예민하고 나와 무관한 다른 사람들의 행동을 보면서 '나 때문에 그런가', '내가 뭘 또 잘못했나' 하고 전전긍긍해요. 이걸 부정귀인이라고 합니다. 이렇게 내 탓하는 걸로 끝나나요? 거절당하는 것에 대한 불안도 엄청나지요. 거절민감성이 높으면 자신의 감정을 그대로 드러내면 거절당할까 봐 감정을 억제하고 나아가 친밀감에 대한 두려움까지 크게 느껴요. 아이고, 이거 살겠습니까.

거절을 못 하는 사람들은 고용량의 정서지능을 가지고 있기도 해요. 다른 사람들을 잘 이해하고 공감력도 매우 높은 겁니다. 이런 공감력을 통해 다른 사람의 기대에 부응하고 그에게 인정받기를 원해요. 때로는 그 사람이 직접 인정해주지 않아도 그를 둘러싼 다른 사람들의 시선을 중요시하지요. 그렇다 보니 사람에게든 일에든 과도하게 헌신하게 되죠. 번아웃이 빠르게 오고 말 못 하는 스트레스로 늘 과부하가 걸려 있어요.

경계 설정을 어려워하는 것일 수도 있습니다. 사람에게는 심리적·사회적 경계가 있어야 내 것과 남의 것을 구별하고 나를 보호할 기준을 세울 수 있어요. 그런데 경계 설정을 못 하면 다른 사람의 요구에 쉽게 동의하고 결국 자신의 시간과 에너지를 효율적으로 관리하지 못하게 되죠. 당연히 자기 목표에 도달하기 위한 일들도 제대로 해낼 수 없습니다. 남의 일을 떠맡기 일쑤고, 심지어 빌려준 돈도 수두룩해서 그 돈만 받아도 노후 설계가 따로 필요가 없을 정도죠.

결국 거절 두려워하고 어려워하는 분들은 남들 대신 일해주고 달라는 대로 돈 빌려주고는 도리어 그 사람들에게 더 못해줘서 미안해하기까지 하는 겁니다. 이렇게 남의 일까지 떠맡으니 시간은 부족하고 피로가 쌓이면서 능률도 떨어져요. 그러다 남의 일도 자기 일도 다 못 끝내고 건물 경비 아저씨보다 늦게, 건물 보안까지 마감하고 퇴근하게 된단 말입니다.

이런 분들은 소외에 대한 두려움도 커서 일종의 유기불안까지 있을 수 있습니다. 내가 이 일을 해주지 않으면, 부탁을 거절하면 그 사람이 나를 싫어하거나 나를 떠날 거라고 생각하는 겁니다. 그러니 얼마나 두렵겠습니까. 이런 유기불안은 대개 유년기에 원인이 있어요. 예를 들어 부모가 자녀의 거절을 용납하지 않았거나 자녀가 거절할 때마다 벌을 주었을 수도 있어요. 그러면 그 자녀는 성장하면서 '거절하면 처벌받는다'는 생각을 갖게 되고, 결국 거절하지 못하는 성향이 뿌리내리는 거죠.

물론 사회적으로 학습되었을 수도 있어요. 주변에서 거절했다가 호되게 당하는 모습을 자주 봤다거나 거절은 예절에 어긋난다는 교육을 받았거나 주변에 거절을 절대 못 하는 사람들이 포진된 경우가 그렇지요. 심리학자 앨버트 반두라의 사회적 학습 이론에 따르면 이런 '관찰학습', 즉 다른 사람이 하는 것을 보고 배우는 것이 엄청난 영향을 미칠 수 있어요.

착한 사람 콤플렉스도 거절을 못 하게 만드는 원인입니다. 'No'라고 말하면 나쁜 사람이 된다고 생각하는 겁니다. 이렇게 다른 사람들이 나를 '거절하는 사람, 나쁜 사람, 냉정한 사람'으로 여기는 낙인효과가 두려워서 거절을 포기하는 사람도 생각보다 많아요.

그럼 거절을 못 하는 이들은 늘 수용하기만 하나요? 싫지 않은 걸까요? 아닙니다. 거절을 못 한다고 감정이 없는 건 아닙니다. 겉으로는 매우 부드럽고 부끄러움을 잘 타는 내성적인 사람으로 보이지만, 내부에는 억눌린 화가 정말 많아요! 분노가 내부에 뭉치는 거죠. 거절을 못 하는 거지 판단 능력이 없는 것이 아니기 때문에 정서적 불안정성은 커집니다. 이대로 시간이 지나면 감정 기복이 심해지고 스트레스와 우울증 위험이 매우 높아져요. 면역계가 약화되고 심장질환, 고혈압, 당뇨 위험이 커지는 등의 신체화 증상마저 나타날 수 있습니다.

그렇다면 거절을 잘하는 사람들의 공통된 특징도 있을까요? 물론 있습니다. 그런 분들은 자기보호 영역을 가지고 있어요. 다른 사람들이 결코 침범해서는 안 되는 나만의 영역을 알고 이걸 반드시 지켜냅니다. 나를 위해 내 힘을 쓸 줄 아는 거죠. 자기의 능력이나 책임 범주도 정확히 알아요. '아, 나는 여기까지는 할 수 있어', '이 일은 내 일이고, 저 일은 내 일이 아니야'라고 선명하게 구분하지요. 거기에다 적당히 이기적이라 굳이 타인의 일을 깊이 생각하지 않고, 내 문제의 원인을 자신에게서만 찾지도 않아요. 남 탓도 어느 정도 하고 비난하기도 합니다. 다 나를 지키는 방법인 거죠.

## 이제는 남 대신 나를 위해 거절을 연습하세요

그렇다고 '아, 나는 거절을 못 하는 성격이구나'라고 포기해선 안 돼요! 앞서 말한 것처럼 거절을 못 하게 되면 감정적·신체적 문제가 생길 수 있습니다. 죽기 전에 나를 위한 거절 좀 해봅시다. 자, 거절을 잘 못 하는 분들을 위한 꿀팁을 지금부터 말씀드립니다.

먼저 알아둘 것이, '착하지만 어려운 사람이 되고 싶어요'라고

들 말씀하시지만 그런 건 다음 생에도 불가능해요! 하나를 얻으려면 하나를 버리세요. 착한 사람은 다른 사람에게 어려운 사람이 되기가 어렵습니다. 낙타가 바늘구멍에 들어가는 것과 같은 거예요. 그러니 정신 바짝 차리고 거절을 잘하는 방법에만 집중합시다.

먼저 이유 없이 거절해도 괜찮습니다. 다른 사람들은 여러분이 거절하는 걸 별로 신경 쓰지 않아요. 대부분 혹시나 하는 마음에 물어보는 거지, 반드시 들어줘야 한다는 생각으로 부탁하지 않습니다. 타인의 감정을 하나하나 신경 쓰며 소중한 인생을 낭비하지 마세요. 여러분은 부탁한 상대가 상처받을까 전전긍긍하지만, 정작 그 사람은 당신 감정에 일말의 관심조차 없을 수도 있어요. 내가 하기 싫으면 거절해야 해요. '내 능력이 안 돼서'가 아니라 '내가 하기 싫어서' 거절하는 겁니다. 내가 거절할 일이면 다른 사람도 거절할 일이고, 다른 사람이 거절한 일을 내가 맡을 이유가 없다고 생각하세요. 제발 다른 사람 마음에 신경 끄세요!

다음으로는 거절상상을 해보세요. 평소에 거절을 못 한다면 반드시 거절상상을 훈련해야 해요. 문제 상황을 재연하는 드라마 치료처럼 짝을 맞춰 거절 연습을 할 수 있으면 최고지만, 거절상상은 혼자서도 할 수 있습니다. 부탁받는 상황은 대부분 비슷하니, 상상하기 쉬울 겁니다. 거절 문구도 생각하고 떠오르지 않는다면 차근차근 글로 써보세요. 그리고 쓴 글을 거울에 붙여놓고 거울을 보며 연습하세요. 아, 무슨 거절을 연습까지 해야 하나 싶지만, 그 연습을 안 해서 지금까지 당하고 또 당하며 살았지 않습니까! 그러니 시작하세요. 거절 연습을 할 때는 누가 당신에게 '이것 좀 도와줄 수 있나요?'라고 물어오면 '생각해볼게요'가 아니라 '미안한데 어쩌죠'로 시작하세요. 공감하고 대안을 제시하고 이런 것 좀 하지 마세요. 거절은 간명해야 해요. 구질구질해지는 순간, 거절도 우스워지고 거절한 사람도 부끄러워집니다.

칭찬에 대한 착각에서도 벗어나세요. 부탁을 들어주면 사람들이 '고맙다', '넌 어쩜 이리 착하니' 이런 소릴 하죠. 이건 인정이나 칭찬이 아니라 당신의 거절하지 못하는 성향을 이용하려는 사람의 가스라이팅일 수 있습니다. 내가 너의 부탁을 들어주면 착한 사람이 됩니까? 그럼, 내가 너의 부탁을 들어주지 않으면 악마예요? 아니잖아요. 물론 순수한 고마움의 표현일 수도 있겠죠. 그러나 이렇게 '고맙다', '착하다'라는 말 때문에 내가 떠맡은 일이 얼만큼이었고, 잃은 돈이 얼마였는지 생각해보세요. 그건 인정이 아니라 착각이라는 것을 명심하세요!

거절은 한 방에 해야 해요. 거절하기 난처해서 질질 끌면 오히려 사과까지 할 관상을 가지셨습니다. 자신을 알아야 해요. 상대가 밀어붙이면 그 사람 일거리를 손에 들고 자리로 돌아갈 거잖아요. 이를 악물고 주먹을 꼭 쥐고 힘내어 한 방에 하셔야 합니다. 관계는 리셋됩니다. 호구라고 평생 호구로 사는 거 아닙니다. 호구가 호랑이가 될 수도 있지요. 그런 극단적인 변화가 필요한 것도 아닙니다. 그냥 거절할 줄 아는 사람이 되는 거지요. 착하더라도 거절할 줄 아는 사람은 다른 사람들이 함부로 못 해요. '그 사람, 착하지만 쉽게 볼 수 없는 사람이야'라는 인상을 갖게 되지요.

내 집 열쇠를 남에게 함부로 내주지 마세요. 내 집의 주인은 나입니다. 지금도 '나는 왜 거절을 못 할까'라고 자책하실 수도 있지만, 기억해야 할 게 있어요. 남이 도움을 요청할 정도면 나는 이미 괜찮고 유능한 사람이라는 점입니다. 고개를 들고 어깨를 펴세요. 당신은 착하면서 능력까지 갖춘 사람입니다. 이제 선한 마음과 매너, 그리고 능력을 갖추었으니 거절만 연습하시면 됩니다.

# 거절의 상처를 이겨내는 자기돌봄의 기술

어디 거절하는 것만 힘든가요? 거절당하는 일은 때로는 심장 내려앉는 중대 사건입니다. 호의로 한 제안이 거절당했을 때 마음에 굉장한 상처를 받는 분들도 있으시잖아요. 믿었던 상대방이 거절했을 때, 불쾌하고 배신감마저 드는 그 순간에 어떻게 마음을 다스려야 할까요? 거절을 이겨내는 방법이 있을까요?

가령 평생 절친으로 살아오며 내가 먼저 연락하고 생일 꼬박꼬박 챙기고, 어려울 때마다 곁에 있어주고 친정 부모님 장례까지 팔 걷어붙이고 도와주었는데, 갑자기 어려운 일이 생겨 천만 원만 빌려달라 어렵게 말을 꺼내니 그 나이 먹도록 뭘 했냐고 조롱하듯 돈도 빌려주지 않은 친구도 있죠. 인간적 배신감에 부들부들 떨 일이죠. 이런 경우 솔루션이고 뭐고 만나지 마세요. 상처도 상처지만, 정말 비인간적이고 재수 없네요. 더 큰 배신을 겪기 전에 그 인간성을 알았으니 다행입니다. 바닥에 침 한번 뱉으세요. 퉤퉤퉤!

이렇게 내가 어렵게 한 부탁을 냉정하게 저버리면 마치 내 인격을 거절당한 느낌이 들죠. 가벼운 부탁을 거절당할 때도 '나를 싫어하나 봐' 이렇게 해석하면서 한편으로는 '아, 내가 너무 속이 좁은가' 싶죠. 거절은 누구에게나 어려운 법입니다.

상대방이 나를 거절하는 데에는 정말 다양한 이유가 있습니다. 그 사람이 형편없는 인간이어서 남들에게 부탁만 해대고 정작 페이백 서비스는 하지 않는 사회생활싸가지일 수도 있죠. 아니면 단지 부탁을 들어주기에 부담이 너무 클 수도 있고, 이전에 비슷한 부탁을 들어주었다가 낭패를 봤을지도 모릅니다. 물론 그냥 내가 싫을 수도 있고요!

다만 거절당하고 혼자 상처받은 이들에게 필요한 차가운 진실이 있습니다. 상대방에겐 내 부탁을 들어줘야 하는 의무가 없어요. 거절은 오히려 당연한 반응입니다. 거절당하면 물론 상처받을 수 있죠. 그런데 상대도 굉장히 억울할 수 있어요. 내가 부탁을 들어줘야 하는 것도 아닌데, 거절했다는 이유로 괜히 나쁜 사람이 되어버리니 말이죠.

실제로 거절하는 사람들도 굉장히 고통스러워해요. 상대방의 부탁을 거절할 때 사람들은 복합적인 감정을 경험합니다. 먼저 상대방을 실망시킨 것 같아 죄책감이 들죠. 친밀하고 오래된 사이거나 중요한 관계에서는 더욱 그렇고요. 동시에 후회도 해요. '정말 중요한 부탁이었을 수도 있는데, 도와줬어야 하는 게 아닐까?' 하고요. 불안감도 상당해요. 상대의 부탁을 거절하는 순간부터 '나를 어떻게 생각할까?' 하고 상대의 반응을 살피며 관계에 대한 불안을 느끼죠. '왜 나는 이런 것도 못 도와주나'라고 자책하면서 자존감이 떨어지기까지 해요. 공감력이 높은 사람일수록 부정적인 감정도 크게 느끼고, 관계에 빙하기가 찾아올 수도 있습니다.

하지만 그건 그쪽 사정이고! 일단 거절당하면 거절 트라우마가 생길 수 있어요. 트라우마란 '심리적 외상'인데, 전쟁이나 사고와 같은 상황에서 생긴 트라우마를 '빅 트라우마'라고 하고, 일상생활에서 생기는 트라우마는 주로 '스몰 트라우마'라고 부릅니다. 스몰 트라우마도 모이면 생애 트라우마가 될 수 있죠. 거절은 트라우마를 일으킬 수 있고 인간관계에 대한 후회나 좌절, 배신감 같은 부정적인 감정을 느껴 앞으로의 관계에도 영향을 미칠 수 있어요. 대개 부탁은 내가 믿거나 친밀하다고 생각하는 사람, 나를 수용해 줄 것이라 기대하는 사람에게 하기 때문에 상처받는 것뿐 아니라 상대에 대한 신뢰에도 손상을 입죠.

## 거절당한 당신의 마음을 스스로 돌보는 방법

그런데 거절당하면서 받은 상처는 어디 가서 위로도 받기 어려워요. 거절의 상처가 트라우마로 남지 않으려면, 상처 입은 내 마음을 스스로 돌보는 방법이 필요합니다.

먼저 당신은 거절생존자라는 점을 기억하세요. 살아오면서 지금까지 거절을 몇 번이나 당했었나 한번 기억을 더듬어보세요. 인생에 거절이 처음이라면, 당신은 혹시 신생아인가요? 성인이 되고 나이를 먹는다는 건, 100번 이상의 거절과 200번 이상의 놀람, 300번 이상의 딸꾹질을 했다는 뜻입니다. '안 돼'라는 말을 들은 첫 순간부터 지금까지 숱한 거절의 역사를 거쳐 여기까지 왔죠. 지난 거절의 순간은 늘 침울하고 아찔했지만, 그 거절들이 우리를 강하게 만들었습니다. 이제 거절에 대한 나름의 내성도 생겼어요. 이번 거절의 충격이 컸다면, 더 강한 거절 면역을 갖게 되었다고 생각합시다. 거절이 처음이 아니라는 걸 꼭 기억하세요. 그럼 기분이 나아질 겁니다. 다만 너무 자주 거절을 당했다면, 그 원인이 꼭 외부에만 있는 건 아닐 겁니다. 잦은 거절의 원인을 분석하며 나를 돌아볼 필요도 있어요.

거절 상처가 심할 땐 생존 질문 5가지를 외우세요. 때로는 살면서 지금의 아픔보다 더 절박한 아픔이 나를 일으키는 경우가 있죠. 거절과 배신감에 부르르 몸이 떨리고 그 여파가 오래 이어진다면 참으로 고통스럽죠. 그 인간에게 부탁하러 간 내 신세도 서럽고 어려운 걸음을 한 나를 내친 그 인간에게도 화가 나니, 일은 일대로 관계는 관계대로 엉망이 되어버린 겁니다. 지금이 최악의 상황처럼 느껴지겠죠. 그럴 때 저는 저와 함께한 말기암 환자들을 떠올리고, 그분들과 함께한 집단 상담에서 나눈 질문 목록을 하나하나 살펴봅니다. 그럼 놀라울 정도로 빠르게 분노가 가라앉더라고요. 다음은 마지막 순간을 살아가는 이들에게 삶의 의미를 묻는 질문입니다.

말기암 환자들과 함께한 의미요법 집단상담 5가지 질문
① 내가 살아가면서 가장 소중한 것은 무엇일까?
② 지금 하고 싶은 소중한 일을 하면 행복해지나?
③ 사랑을 주고받으면 행복할까?
④ 아픔과 슬픔 속에서도 행복할 수 있는 사람이 과연 있을까?
⑤ 아파서 힘들어도 내 삶의 주인공은 나인가?

첫 질문부터 숨이 턱 막히지요? '내가 살아가면서 가장 소중한 것은 무엇일까?' 삶의 마지막에서 지금의 이 거절은 얼마만큼의 크기일까 생각해보면 마음의 무게가 90퍼센트는 가벼워지더 군요. 긴 삶을 두고 바라보면 이 순간은 참으로 가벼운 찰나입니 다. '나의 건강과 바꿀 수 있는 것이 있는가'라는 질문으로 바꾸어 도 같은 답이 나옵니다. 저는 이 질문을 읽는 순간 '원효대사의 해 골물'을 먹은 듯 다른 사람이 되었습니다. 나를 거절한 상대에 대 한 미움이 바로 달아나버리더군요. 죽음이라는 단어는 힘이 세더 라고요.

나머지 질문들도 좋아요. 그중 네 번째와 마지막 질문을 꼭 보 세요. '아픔과 슬픔 속에서도 행복할 수 있는 사람이 과연 있을까?', '아파서 힘들어도 내 삶의 주인공은 나인가?' 여러 가지 생각이 들 죠. 상대를 믿은 것도, 부탁을 한 것도 나였고, 지금 부들부들 떠는 것도 나죠. 나를 거절했다는 이유로 그 사람을 미워하느라 남은 생 을 소비한다면 내 삶의 주인공은 내가 아니라 내가 미워하는 그 사 람이 되어버려요.

마음을 위로하는 간단한 방법도 있습니다. 바로 나비포옹을 하세요. 두 팔을 교차시켜 나를 안아주고 토닥이는 것을 나비포옹 이라 합니다. 두려움이나 불안이 느껴질 때 스스로를 토닥여서 마 음을 안정시키는 방법이에요. 마음이 벌렁거리고 분노와 배신감 에 떨고 있을 때 심장은 두려움과 분노를 구분하지 못해요. 이때

성난 나, 울고 있는 나를 엄마가 안아주었듯, 그렇게 아기처럼 자신을 토닥이면 진정 효과를 얻을 수 있어요. 나부터 삽시다. 1분만 해도 훨씬 마음이 편안해질 겁니다.

마지막으로 상대에게는 책임이 없다는 걸 되새기세요. 그 사람이 나에게 '얼른 내게 와서 그 일에 대해 꼭 부탁해주시오'라고 했나요? 내가 내 발로 갔죠. 그냥 내 머릿속에 그 사람이 떠오른 것뿐입니다. 그 사람에게 죄가 있다면 하필 그때 내 머릿속에 떠오른 거죠. 참, 운이 지지리도 없는 사람입니다. 그 사람은 내 사정을 듣느라 시간 쓰고, 부탁을 고민하느라 머리 아프고, 거절하느라 힘쓰고, 돌려보내고는 찜찜했을 겁니다.

누구나 거절당했을 때는 시간이 필요합니다. 분노나 배신감 같은 강한 감정들은 쓰나미처럼 한꺼번에 몰려와서 나의 자아를 장악해버리기 때문이죠. 이성은 간데없고 정상적인 판단이 되질 않아요. 이럴 땐 나와 상대 모두를 위해 김 빼는 시간을 가져야 해요. 스몰 트라우마 역시 트라우마이기 때문에 회복할 시간이 필요하지요. 인내심을 가지고 천천히 치유의 시간을 가지시기 바랍니다.

# 칭찬은 배신하지 않는다
### 상대를 행복하게 해주고 싶은 당신에게

인생에서 가장 기억에 남는 순간은 언제일까요? 사람들은 어떤 순간을 값지게 기억할까요? 이 두 가지를 가까운 10명에게 질문했더니, 놀랍게도 '선생님이 칭찬하던 순간'을 공통적으로 말하더군요. 나에게는 하품했다고 백묵을 던졌던 그 망나니 선생님이 내 친구에게는 일생에 남는 분이 되셨더라고요. 참, 세상은 알다가도 모르겠습니다.

칭찬은 기가 막히게 좋은 심리 자원이에요. 칭찬은 인간의 아주 기본적인 욕구이자, 인생을 풍요롭게 하는 행복의 밭을 일굽니다. 일단 칭찬의 10대 효과를 말씀드릴게요. 칭찬은 자신감을 주고, 성장을 도우며, 모든 일에 의욕을 갖게 하고, 삶의 방향을 새롭게 해요. 마음을 넓고 따듯하게 만들고, 주변까지 밝아지게 하며,

삶을 적극적인 자세로 살아가게 하여 인간관계도 잘 맺도록 도와줍니다.[31] 칭찬은 마음을 움직이는 촉매제이자, 사람의 동기를 자극하는 언어적 보상이지요. 칭찬을 받으면 '아, 내가 참 가치 있는 사람이구나'라고 느끼면서 생활에 활력을 얻고, 자신감을 가진 채로 삶을 여유롭게 사는 데 큰 도움을 줘요.

저는 여기에 칭찬의 결정적인 장점을 한 가지를 덧붙이고자 합니다. 바로 회복탄력성의 근원이라는 겁니다. 발달심리학자 에릭 에릭슨의 인간발달이론은 인간의 생애를 8단계(영아기, 유아기, 학령전기, 학령기, 사춘기, 청년기, 중년기, 노년기)로 나누고 단계마다의 숙제, 곧 인생 과업이 있다고 말해요. 그중 학령기에 해당하는 초등학생 시절의 인생 과업은 '근면감'입니다. 이 시기에 스스로 자신의 목표를 세우고 그 목표에 도달한 적이 있다면, 이 사람은 근면감이라는 인생 과업을 달성한 거예요. 아동이 '근면감'이라는 과업에 몰두할 때 부모의 역할은 '격려자'입니다. "잘했다, 훌륭하다, 역시 너구나!" 이렇게 칭찬해주면 아이는 목표를 적극적으로 설정하고 힘차게 나아가기에 격려자의 역할이 중요하지요. 실제로 칭찬이나 용돈 같은 보상을 받은 사람은 뇌 깊숙한 곳의 줄무늬체가 활성화되면서 과제 수행 능력이 좋아집니다. 또 성장 과정에서는 우리 마음속에 마음항아리가 하나씩 생겨나요. 아동기와 청소년기를 통과하며 받은 칭찬들이 이 마음항아리에 쌓이죠. 이윽고 성인이 되는 청년기에는 마음항아리에 새로운 이름이 붙습니다. '회복탄력성'이라고요. 넘어져도 일어나게 해주는 그 힘, 바로 회복탄력성은 어려서부터 들어온 칭찬에서 나옵니다. 칭찬은 인생에 감칠맛을 주는 양념이자 에너지의 근원이고 긍정성의 잠재적 모델이 됩니다.

제가 들었던 가장 기분 좋은 칭찬 두 가지를 잠시 말씀드릴게요. 제가 속한 학교의 한 교수님께서 아버님을 모시고 살았어요. 그 아버님께서 TV를 보시며 저를 두고 이렇게 말씀하셨다고 하더군요. '이 교수는 어려운 노래를 쉽게 부르는 능력이 있구나!' 어려운 얘기를 쉽게 풀어 누구나 이해할 수 있도록 한다는 말씀이지요. 그 말씀을 듣고 어찌나 기분이 좋던지요. 한 번도 뵌 적이 없지만 여기서나마 감사의 말씀을 전합니다. 다른 하나는 저의 시아버님의 말씀입니다. 시아버님께서는 저를 '미스코리아'라고 부르셨어요. 제가 시가에 가면 '오호, 어찌 미스코리아가 오셨소이다. 어찌 이리 예쁘시오!'라고 말씀하시곤 했지요. 살면서 이런 얘기를 들어보다니! 나중에 알았지만 그때 시아버님께서는 치매를 앓고 계셨습니다. 칭찬은 고래도 춤추게 한다더니, 지금 그 칭찬을 떠올려도 좋아서 덩실덩실 춤이 나옵니다.

칭찬은 크게 보면 위에서 아래로 내려오는 수직적 칭찬과 동료나 또래들 사이에서 주고받는 수평적 칭찬이 있어요. 물론 제3자가 칭찬하는 경우도 있지만, 이 역시 동 세대의 수평적 칭찬에 속하지요.

누가 칭찬을 하느냐도, 칭찬을 받는 것도 무척 중요하지만, 이제 칭찬을 받을 나이에서 칭찬을 할 나이가 되었죠. 부모로, 선배로, 어른으로 살아가며 칭찬을 아낄 필요가 없어요. 저는 칭찬을 '하는' 것을 넘어 칭찬을 '쏟으라'고 말하고 싶습니다. 아껴서 뭐합니까. 너무 칭찬하면 버릇이 없어진다고 하지요? 그런데 요즘 애들이 어디 가서 칭찬을 받나요. 만나는 어른도 드문 세상이고 학생 때는 시험만 보고 직장에 들어가면 평가만 받습니다. 칭찬은 아끼지 마세요. 쏟으세요. 칭찬은 확실한 인간 성장 촉진제입니다.

## 나와 상대를 행복하게 만드는 칭찬의 기술

그럼 칭찬은 어떻게 하면 좋을까요. 효과적인 칭찬법이 있을까요? 지금 바로 칭찬의 기술[32] 들어갑니다.

칭찬은 구체적으로 하세요. 특히 행동 중심의 칭찬이 좋아요.

'다 잘했어' 이런 건 '땡!'입니다. 구체적인 상황과 내용을 담으라는 말이지요. 이를테면 "우리 딸, 오늘 요리를 같이 배워봤는데 정말 잘했어. 칼질도 배운 대로 꼼꼼하게 하고, 어려운 불 조절도 아주 정확했는걸. 정말 대단해" 이렇게 말입니다. '다 잘했다'라는 칭찬도 기분이 좋을지 모르겠지만, 나중에 떠오르진 않아요. 성장에 더 도움이 되기 위해서는 구체성이 중요해요. 부부 간에도 '자기야, 내 얼굴 중 어디가 젤 예뻐?' 이렇게 물으면 무심한 남편들은 십중팔구 '다 예뻐'라고 하죠. 그러나 칭찬의 기술을 아는 남편은 이렇게 말합니다. "자긴 다 예쁘지만, 특히 코가 제일 예뻐! 백억, 아니 천억을 줘도 이런 코는 못 만들어. 이건 하늘이 내린 코야. 사랑스러워!" 이렇게 말하는 건 부부가 아니고 불륜이라고 말하려 했죠? 아니요, 칭찬할 줄 아는 부부는 이렇게 말해요. 닭살 돋는다고 말하면서도 몹시 부럽지요. 기억하세요, 칭찬은 구체적으로!

　칭찬은 간결하면 좋습니다. 자세하고 구체적인 것도 좋지만, 상대가 외울 수 있는 길이의 칭찬을 자주 하면 기억에도 남고 임팩트도 있지요. "여보, 김치찌개 짱!", "우리 자기는 청소왕!", "아들, 방 정리 최고!", "딸, 선물 땡큐! 감동!" 이런 방식으로요. 요즘 모두가 줄임말을 쓰는 것도 간결해서 기억하기 쉽다는 이유도 있지요. 그러니 꼭 필요한 말만 담아보세요. 간결함은 칭찬의 미덕입니다.

칭찬은 남 앞에서나 제3자에게 하면 더 좋습니다. 칭찬은 역시 공개 칭찬이죠. 다른 사람 앞에서 하는 칭찬은 칭찬받는 사람의 사회적 자존감까지 올려주고, 칭찬하는 사람의 덕성도 높여주죠. 제가 제 배우자에게 들었던 최고의 칭찬은 시아버님의 장례식에서였습니다. 조문 오신 분들과 대화할 때 제가 옆에 있으면 꼭 "저는 제 아내에게 사랑하는 법을 배웠습니다"라고 하더라고요. 아, 감동! 그날 이후 남편을 위해 목숨을 바치기로 마음먹었습니다.

사소한 것을 칭찬하세요. 인생이 대단합니까. 삶은 원래 소소한 것들의 집합체지요. 소소한 것들로 칭찬하면 칭찬 거리가 다음 생애까지 이어집니다. 특히 소소한 칭찬은 부부나 부모 자식 사이처럼 오랜 시간 함께 살아가는 관계에서 매우 중요하고 유용하죠. 나라와 민족의 명운은 다른 사람들에게 맡기고 소소한 칭찬의 주제를 찾아다니세요. '우리 집 고양이 가노는 똥도 잘 싼다', '가르마를 오른쪽으로 34가닥을 더 넘긴 그 스타일, 감각적이야!'처럼 아무거나 좋습니다.

어떤 칭찬이든 좋다지만 상대에 따라 칭찬의 내용이나 방법은 달라야 합니다. 삶의 여러 측면에서 그렇듯 칭찬에도 융통성이 필요하죠. 상사에게 하는 칭찬과 동료에게 하는 칭찬, 그리고 후배에게 하는 칭찬이 같을 수 없습니다. 배우자에게 하는 칭찬과 자식에게 하는 칭찬이 같을 수 없듯이요. 칭찬의 내용이나 방법은 다르더라도 칭찬의 기본 전제를 기억한다면 한결 수월하게 대상과 상황에 맞춰 칭찬할 수 있습니다. 우선 존재의 소중함을 표현하는 게 일순위지요. 이 세상에 쓸데없는 생명은 없고 예쁘지 않은 존재는 없죠. 남이 그 예쁨을 반짝이는 눈으로 읽어주면 본능적인 희열을 느낍니다. "당신이 내 옆에 있어서 정말 행복해", "우리가 같은 팀인 게 너무나 좋아요", "네가 내 아들이어서 정말 자랑스러워", "내 딸은 어쩜 이리 볼 때마다 예쁜지"처럼요. 두 번째는 작은 성공을 칭찬하는 거죠. 아주 작은 성공은 자존감의 혀에 단맛을 떨구어주는 것과 같죠. 이 기쁨과 성취감이 새로운 도전에 임할 의지가 돼요. 상대의 자존감을 올려주기 위해 상대의 성공 경험을 꼭 칭찬해보세요. 이러한 칭찬은 사회학자 로버트 머튼이 말한 마태효과 Matthew effect*를 불러오는데, 작은 것이라도 성공하는 사람은 계속 성공하게 된다는 것입니다. 마지막으로 '진심'이 보여야 해요. 진정한 관심은 늘 천국의 문을 열지요. 말은 감정을 만들고, 좋은 감정은 관계의 아스팔트를 깔아줍니다. 진심으로 소중한 관계

---

* 성경 〈마태복음〉 25장 29절에 "무릇 있는 자는 받아 풍족하게 되고 없는 자는 그 있는 것까지도 빼앗기리라"는 구절에서 유래한 말인데, 로버트 머튼이 만든 개념입니다.

를 꼭 묶어주세요.

결과뿐 아니라 노력도 칭찬해야 합니다. 우리가 다 아는 이야기지만, 인간은 결과에 더 눈이 가지요. 그러나 애쓰는 사람들, 성과를 내야 하는 사람들에게는 결과뿐 아니라 과정과 노력에 대해서도 칭찬해야지요. 결과가 늘 좋은 건 아니니까요. 심리학자 캐롤 드웩의 연구에 따르면,[33] 과정과 노력을 칭찬하면 자신의 능력을 고정된 것으로 보지 않고 노력과 학습을 통해 발전할 수 있다고 믿는 일명 '성장형 마인드셋'을 갖게 됩니다. 이와 반대되는 '고정형 마인드셋'을 갖고 있다면 어려운 문제에 부딪혔을 때 포기해버리지만, 성장형 마인드셋은 문제를 성장의 기회로 받아들여 실패를 두려워하지 않고 기꺼이 도전하게 만듭니다.

칭찬을 받는 사람뿐 아니라 그의 주변의 인물도 칭찬하면 좋습니다. 친구나 가족 등 가까이 지내는 사람들을 칭찬하라는 겁니다. 간접적인 칭찬 효과를 만드는 거예요. 예를 들어 남편의 친구를 칭찬하면 남편은 자신이 좋은 친구를 사귀고 있다는 긍정적인 인식을 갖겠죠. 한 번의 칭찬으로 두 명을 모두 칭찬하는 셈이니 일석이조입니다. 게다가 당사자의 자존감과 자신감도 높일 수 있어요.

마지막으로 엉뚱한 우연 혹은 의외의 상황에서 건네는 칭찬도 효과가 좋습니다. 예상치 못한 상황에서 받는 칭찬은 감동이 두 배가 됩니다. 칭찬이 갑자기 훅 들어오면 칭찬받는 사람의 긍정적인 감정이 한번에 증폭되면서 귀중한 선물을 받은 기분이 듭니다. 이렇게 의외의 순간에 칭찬을 받으면, 칭찬을 한 사람에 대한 기대와 신뢰도 따따블이 된답니다.

# 어디서나 유쾌한 사람이 되어라

**유머 본능을 살리는 기술**

인간은 본래 부정적이에요. 긍정적인 정서보다는 부정적인 정서에 영향을 많이 받죠. 이걸 부정성 편향nefativity bias이라고 부르는데, 생존에 꼭 필요합니다. 이익보다 손실에 민감하고 성공보다 실패에 더 예민하게 반응해야 인생이 망하지 않잖아요. 본능적인 자기보호 방식인 거죠.

하지만 본능을 넘어서 부정성 편향을 조정해 긍정 정서를 가지면 자기보호 이상의 효과들이 쏟아져요. 상황을 긍정적으로 해석하는 긍정 정서가 남다른 삶을 만들 수 있기 때문이죠. 일단 긍정적인 사람들은 장수합니다. 종교를 가진 사람이 그렇지 않은 사람보다 오래 산다지만, 종교인 그룹 안에서도 긍정 정서가 영향을 미쳐요. 미국 켄터키대학교 데보라 대너 연구팀이 비슷한 조건의 수도원에서 생활하는 180명의 수녀가 22세 전후에 쓴 자서전을 대상으로 긍정적 감정의 내용과 그 표현 정도를 평가하고, 이들의 75세에서 95세 사이의 생존률을 분석했는데, 긍정적 감정의 내용과 표현이 많을수록 10년 이상 오래 살았습니다. 긍정적 감정의 수준이 높은 집단은 낮은 집단에 비해 사망 위험이 2.5배 낮았고요.[34] 아, 저처럼 밝음 지수가 높고 긍정 정서가 충만하면서 종교를 사랑하는 사람은 잘하면 영생할 것 같습니다.

## '유쾌함'이라는 인생의 명약

긍정 정서, 일상적인 표현으로 유쾌함이란 단순히 기분이 좋은 상태를 넘어 정신 환풍기 역할을 합니다. 스트레스를 줄이고 건강 상태도 양호하게 만들며, 사회적 관계에도 조미료 역할을 하고 직업적 성공에도 기여하는 데다가 정신적 안정감도 높이지요. 알파에서 오메가까지 삶의 웰빙 전체에 영향을 미칩니다.

유쾌함은 또 '적응'에 명약입니다. 미국의 심리학자 마셜 로사다가 성공적으로 사회에 적응하는 사람들의 정서를 조사했더니, 긍정 정서와 부정 정서의 비율이 3대 1이었다고 해요. 이를 '로사다 비율Losada Ratio'이라고 부릅니다. 부정 정서보다 긍정 정서를 3배 이상 가진 사람이 사회적 적응에 성공적이란 말이죠.[35] 유쾌함의 힘이 참 대단하죠?

게다가 나이 들수록 염세적이거나 부정적이기 쉬우니, 긍정 정서를 가지려는 노력은 참으로 절실합니다. 한 해 한 해가 다르다는 걸 느끼면서, 나도 왜 아버지처럼 세상에 대해 비판적이 되나 싶은 분들도 계실 겁니다. 나이 먹으면서 삶이나 세상에 부정적인 태도를 갖는 데는 그만한 이유가 있죠. 일단 신체적·정서적·인지적 측면에서 어려움을 경험할 가능성이 높아지는 탓입니다. 건강 문제가 생기면 세상에 대한 부정적인 인식이 커지기 쉬워요. 특히 우울증과 같은 정신건강 문제가 있으면 더욱 그렇죠. 인지 기능이 나빠지거나 자기 평가가 나빠지고, 언어 유창성도 감소할 수 있고요. 게다가 친구나 가족을 상실하는 경험도 이어지고 관계도 줄어들죠. 당연히 고립감도 커지고 이에 따라 부정적 태도도 증가하기 쉬워요.

그러니 가정에서나 직장에서나 좀 유쾌하게 살아봅시다. 유쾌한 사람 곁에 있으면 에너지, 곧 기를 받는 것처럼 기운이 나요. 정신이 해독되는 기분까지 들고요. 이처럼 유쾌함은 단순히 웃음을 주는 것 이상의 효과가 있어요. 직장이나 사회생활에서 유쾌한 태도를 갖추면 스트레스 감소, 협업 증진, 창의성 향상 등 다양한 측면에서 긍정적인 영향을 미칩니다. 실제로 웃음은 스트레스 호르몬을 감소시키고 긴장을 완화하니까요. 신뢰와 관계 형성에도 중요한 역할을 하죠. 갈등 상황이 이어지고 압박감을 받게 되는 직장에서 유쾌함은 사람들의 마음을 가볍게 하고 상황을 더 긍정적으로 바라보게 만듭니다.

직장 분위기가 유쾌해야 협업과 소통도 원활해요. 아침부터 사무실에 살벌한 분위기가 돌면 누가 마음 편히 일하겠습니까? 같은 부서에 재미있는 동료나 선배 한 명만 있어도 팀 분위기가 확 달라지지요. 이런 사람들은 출근할 때부터 사람을 기분 좋게 하잖아요. '아싸, 인간 AI 출근 했습니다!', '우리 모두 잘생긴 아침!' 사무실에서의 가벼운 유머는 마음의 벽을 허물죠. 정신을 이완시키니 긴장도가 낮아지고, 훨씬 자유롭게 의견을 교환할 수 있는 환경이 조성됩니다. 유머는 팀원이 서로를 신뢰하고 창의적인 아이디어를 내놓을 수 있는 분위기를 만들어요. 마음과 머리가 말랑말랑해야 문제를 새로운 시각에서 바라보며 유연한 사고를 할 수 있습니다. 특히 일이 난관에 부딪혔을 때 빛을 발하지요. 많이 웃는 팀은 서로를 더 잘 이해하고 공감하게 만든다는 연구는 차고 넘치고, 웃는 팀이 팀워크도 최고라 합니다. 유쾌함과 유머는 관계의 피톤치

드가 확실합니다. 유쾌함이나 유머는 아부보다 인간의 앞길을 평탄하게 한답니다.

구글에서 진행한 사내 조직문화 개선 프로젝트인 '아리스토텔레스 프로젝트'의 결과를 보면, 성과를 높이는 데 가장 중요한 요인이었던 것이 바로 '심리적 안전감'이었어요. 이 보고서에 직접적으로 유머나 유쾌함이 언급되지는 않습니다만, 유쾌함과 유머가 좋은 팀워크를 만들어내는 데 다방면으로 기여하니 심리적 안전감을 확보하는 데도 도움이 될 것은 자명합니다.

유쾌한 사람들은 신뢰와 호감을 기반으로 관계망을 넓고 탄탄하게 구축하죠. 유머를 적절히 사용하는 리더는 직원들에게 더 신뢰와 존경을 받고, 행복한 직원들은 그렇지 않은 직원들보다 최대 12퍼센트 더 생산적이라는 연구 결과도 있습니다. 직장 만족도 당연히 올라가겠고요. 딱딱한 책상 위에서 나누는 유머는 퍼석한 빵을 부드럽게 만들어주는 버터처럼 직장 다닐 맛이 나게 할 겁니다.

## 유쾌함도 기를 수 있는 능력이다

자, 그럼 그 좋다는 유쾌함은 어떻게 가질 수 있을까요? 타고난 유쾌함 유전자가 있는 것인지, 아니면 후천적인 특징인지는 의견이 분분하지만, 분명한 건 유쾌함도 늘어나거나 줄어든다는 것입니다. 그렇다면 이 참에 한번 늘려볼까요?《유쾌함의 기술》[36]의 저자 앤서니 디베네뎃은 어떠한 상황에서도 아이들처럼 순수한 열정을 간직하고 즐겁게 세상을 살 수 있는 사람들을 가리켜 유쾌지능playful intelligence이 타인에 비해 높다고 말합니다. 그러면서 상상력, 사교성, 유머, 즉흥성, 경이감을 유쾌지능의 중요한 요소로 꼽았죠. 이 개념들도 무척 중요해요. 다만 저는 우리나라 사람들에게 맞는 유쾌지능, 유쾌함을 높이는 구체적인 방법을 한번 생각해봤어요.

먼저 아이의 심정으로 돌아가려고 노력해보세요. 애들은 이유 없이 웃죠. 사춘기 애들은 구르는 낙엽만 봐도 웃고요. 나이를 먹으며 생계를 향해 달리다 보면 웃음과 유쾌함은 잊고 살게 됩니다만, 그래도 어릴 때 친구들과 깔깔거리던 시절을 떠올리면 절로 미소가 지어잖아요. 우리는 저마다 유쾌함의 역사를 갖고 있습니다. 신생아 때는 근육이 수축하면서 의도와 상관없이 배냇짓으로 하는 반사작용으로 웃죠. 생후 6주 후부터 사회적 웃음이 시작돼요. 이때부터 까꿍놀이, 좋아하는 이야기나 노래에 반응하죠. 아이들을 웃게 하는 방법은 간단합니다. 아이들이 좋아하는 개굴개굴, 꼴까닥 같은 의성어를 쓰거나 웃긴 표정만 지어도 배꼽을 잡고 웃습니다. 아이들은 아주 간단하고 사소한 것에 웃음을 터뜨려요. 여러분도 복잡한 생각을 버리고 아이처럼 주변에 웃긴 것들을 찾아보세요. 생각보다 많습니다. 가족이나 친구 얼굴을 자세히 보는 것도 좋아요. 생각보다 재미있고 웃기게 생겼습니다. 저는 거울 보고 많이 웃어요.

재미있는 콘텐츠를 찾으세요. 최근 제가 자주 보는 콘텐츠가 있습니다. 개그맨 김대희 씨가 운영하는 유튜브인데 게스트와 호스트가 넌센스 퀴즈를 주거니받거니 하며 웃음을 자아내는 코너가 있어요. 보면서도 웃고 종종 마음에 드는 퀴즈를 적어놓기도 합니다. 제가 적어두었던 문제를 한번 내볼까요?

"물리치료를 받는 이유는?"

"병을 물리치려고~."

"대한민국에서 가장 오래 살 것 같은 연예인은?"

"이승깁니다."

혹시 웃지 않는 분들은 감정이 시멘트처럼 딱딱하거나 이미 답을 아시는 분들일 겁니다. 모르시는 분들은 웃기죠? 유쾌함이 내 안에서 자연스럽게 올라오는 건 아니죠. 외부 자극도 유쾌함의 버튼을 누릅니다.

유쾌한 친구를 가까이 두세요. 유쾌함은 옮아요. 전염성이 있지요. 유쾌하고 긍정적인 사람들과 가까이 있으면 이들의 긍정적 에너지를 받고 그들이 만드는 유쾌한 공기를 마시며 나의 감정 폐가 확장되지요. 인생에 별 재미가 없다는 분들이라면 유쾌함 심폐소생술을 받는 것과 같습니다. 유쾌함은 안전감과 같습니다. 불안한 사람은 웃기 어렵죠. 유쾌하게 지내는 시간만큼 나의 유쾌함이 늘고 수명도 연장되는 겁니다. 유쾌한 친구가 만나자면 얼른 만나시고, 가끔은 여러분이 그 친구에게 만나자고 하세요. 유쾌함과 약속을 잡으세요.

그다음이 유머 감각을 키우는 겁니다. 유머 감각을 키우자고 학원을 다닐 수는 없지만, 분명 연습하면 유머가 능숙해지고 감각도 늡니다. 그러니 위에서 말씀드린 유머 콘텐츠도 보시고 유쾌한 사람들도 자주 만나세요. 중요한 건 배운 것을 직접 시도해보는 겁니다. 내 환경과 나에게 맞는 웃음 코드를 발견하는 게 무척 중요하죠. 유머 감각이라 하면 다른 사람을 웃기는 능력이라고 생각하기 쉬운데, 그것만은 아닙니다. 다른 사람의 말에 웃을 줄 아는 능력, 그 역시 유머 감각이에요. 다른 사람들이 유머를 구사할 때 어느 지점에서 웃어야 하는지 몰라 쩔쩔매는 분들이 계시지요. 그런 분들은 농담에 같이 박장대소하는 것만으로도 유머 감각이 느는 겁니다. 웃겨야만 유머 감각이 아니라, 웃는 것도 유머 감각이죠. 다음은 제 유튜브 채널에서 사용했던 유머 감각 테스트인데, 여러분의 유머 감각을 한번 점검해보세요.

| 번호 | 문항 | 전혀<br>아니다 | 아니다 | 보통 | 그렇다 | 매우<br>그렇다 |
|---|---|---|---|---|---|---|
| | **〈이호선의 나이들수록〉 유머 감각 테스트*** | | | | | |
| 1 | 때때로 나는 농담이나 재미<br>있는 이야기를 생각해낸다. | ( )<br>(1점) | ( )<br>(2점) | ( )<br>(3점) | ( )<br>(4점) | ( )<br>(5점) |
| 2 | 나는 다른 사람을 웃기는 것<br>에 자신이 있다. | ( )<br>(1점) | ( )<br>(2점) | ( )<br>(3점) | ( )<br>(4점) | ( )<br>(5점) |
| 3 | * 나는 코미디를 싫어한다. | ( )<br>(5점) | ( )<br>(4점) | ( )<br>(3점) | ( )<br>(2점) | ( )<br>(1점) |
| 4 | 사람들은 내가 재미있는 말<br>을 많이 한다고 한다. | ( )<br>(1점) | ( )<br>(2점) | ( )<br>(3점) | ( )<br>(4점) | ( )<br>(5점) |

---

\* 유튜브 〈이호선의 나이들수록〉 채널에서 '사람들이 내 유머에 웃게 하는 4가지 방법! 유머를 씹고 뜯고 맛보고 즐기자! | 나이들수록 ep.41 유머감각 기르기!' 편 더보기에서 아래 링크로 접속하셔서도 바로 검사하실 수 있습니다. https://ko.surveymonkey.com/r/SG2KY87.

| 번호 | 문항 | 전혀<br>아니다 | 아니다 | 보통 | 그렇다 | 매우<br>그렇다 |
|---|---|---|---|---|---|---|
| 5 | 나는 많은 상황에 적응하기 위해 유머를 사용할 수 있다. | ( )<br>(1점) | ( )<br>(2점) | ( )<br>(3점) | ( )<br>(4점) | ( )<br>(5점) |
| 6 | 나는 어떤 웃긴 말로 긴장된 상황을 완화시킬 수 있다. | ( )<br>(1점) | ( )<br>(2점) | ( )<br>(3점) | ( )<br>(4점) | ( )<br>(5점) |
| 7 | * 농담을 하는 사람들을 보면 조금 짜증이 난다. | ( )<br>(5점) | ( )<br>(4점) | ( )<br>(3점) | ( )<br>(2점) | ( )<br>(1점) |
| 8 | 나는 멋진 농담을 좋아한다. | ( )<br>(1점) | ( )<br>(2점) | ( )<br>(3점) | ( )<br>(4점) | ( )<br>(5점) |
| 9 | * 어떤 사람을 코미디언이라고 부르는 것은 모욕이다. | ( )<br>(5점) | ( )<br>(4점) | ( )<br>(3점) | ( )<br>(2점) | ( )<br>(1점) |
| 10 | 나는 사람을 웃기기 위한 방법들을 알고 있다. | ( )<br>(1점) | ( )<br>(2점) | ( )<br>(3점) | ( )<br>(4점) | ( )<br>(5점) |
| 11 | * 유머는 좋지 않은 대처 방식이다. | ( )<br>(5점) | ( )<br>(4점) | ( )<br>(3점) | ( )<br>(2점) | ( )<br>(1점) |
| 12 | 나는 유머를 하는 사람들의 진가를 인정한다. | ( )<br>(1점) | ( )<br>(2점) | ( )<br>(3점) | ( )<br>(4점) | ( )<br>(5점) |
| 13 | 사람들은 나를 보고 말솜씨가 좋다고 한다. | ( )<br>(1점) | ( )<br>(2점) | ( )<br>(3점) | ( )<br>(4점) | ( )<br>(5점) |
| 14 | 친구들은 나의 유머에 주목한다. | ( )<br>(1점) | ( )<br>(2점) | ( )<br>(3점) | ( )<br>(4점) | ( )<br>(5점) |

| 번호 | 문항 | 전혀<br>아니다 | 아니다 | 보통 | 그렇다 | 매우<br>그렇다 |
|---|---|---|---|---|---|---|
| 15 | 유머를 사용해서 대처하는 것은 멋진 적응 방법이다. | ( )<br>(1점) | ( )<br>(2점) | ( )<br>(3점) | ( )<br>(4점) | ( )<br>(5점) |
| 16 | * 유머를 사용해서 상황을 극복하려는 것은 정말 어리석은 것이다. | ( )<br>(5점) | ( )<br>(4점) | ( )<br>(3점) | ( )<br>(2점) | ( )<br>(1점) |
| 17 | 나는 유머를 사용해 한 집단을 통제할 수 있다. | ( )<br>(1점) | ( )<br>(2점) | ( )<br>(3점) | ( )<br>(4점) | ( )<br>(5점) |
| 18 | 유머의 사용은 나를 편하게 한다. | ( )<br>(1점) | ( )<br>(2점) | ( )<br>(3점) | ( )<br>(4점) | ( )<br>(5점) |
| 19 | 나는 친구를 즐겁게 하기 위해 유머를 사용한다. | ( )<br>(1점) | ( )<br>(2점) | ( )<br>(3점) | ( )<br>(4점) | ( )<br>(5점) |
| 20 | 나의 솜씨 있는 말재주는 다른 사람들을 즐겁게 한다. | ( )<br>(1점) | ( )<br>(2점) | ( )<br>(3점) | ( )<br>(4점) | ( )<br>(5점) |

* 3번, 7번, 9번, 11번, 16번 문항은 역채점 문항이니 채점하실 때 유의하세요.

총점: _____

점수가 높으면 높을수록 유머 감각이 좋은 거랍니다. 어떤가요? 유머와 유쾌함의 황제로 등극하셨나요?

# 관계 평균값, 적정 관계의 수를 유지하는 비법

지치지 않고 관계를 맺는 다양한 방법을 말씀드렸는데, 그만큼 중요한 것이 '평균값의 발견'입니다. 지금까지 살펴본 것처럼 타인과 밀착해도 괜찮은 사람들이 있고, 밀착하면 힘든 사람들이 있습니다. 또 좋은 사람도, 짐승 같은 인간도 있고, 오래 갔으면 하는 사람도, 이번 만남으로 너와는 끝이라고 다짐하는 관계도 있지요.

사람마다 각자 편안한 거리가 있습니다. 물리적 거리와 심리적 거리가 모두 포함되는데, 우리는 청춘의 즙을 내고 오로지 경험을 통해서 자신에게 맞는 거리를 발견해나갑니다. 그런데 거리 조절이 어렵고 어떤 관계를 이어가야 할지 끊어야 할지 늘 헛갈리고 고민되시는 분이라면, 안전하고 편안한 관계를 원하시는 분들이라면 지금부터 말씀드릴 '관계 평균값'을 꼭 활용하시기 바랍니다.

먼저 내 주변 사람들과의 관계를 한번 점수로 생각해보세요. 인간이 어쩜 이리 계산적인가 싶겠지만, 우리 머릿속에는 다 관계 계산기가 들어 있어서, 내게 위험한지, 안전한지, 득이 되는지 실이 되는지 머릿속 주판이 무조건 튕겨져요!

　　사람은 누구나 만나는 사람과의 관계에서 점수를 매깁니다. 의식적으로 매기든 무의식적으로 매기든 반드시요. 처음 보는 순간, 혹은 함께 지내면서 문득 '쟤는 좀 괜찮은 거 같아'라거나 '이 사람은 아닌 것 같다'라는 생각이 들 때가 있잖아요. 이때 내가 무엇을 기준으로 판단했는지 생각해보세요. 곧 심리 평가 점수를 어떤 방식으로 매기고 있는가를 고민해보라는 말씀입니다. 내가 그를 만났던 시간과 관계 경험에 나름의 몸값과 가치를 매겼던 겁니다. 물론 관계가 좋을 때는 점수가 높을 거고, 반대로 관계가 나쁠 땐 점수가 낮을 거예요. 이걸 세월로 나눈 것이 관계 평균값이에요. 바로 고민 끝에 나온 '걔는 그런대로 괜찮아', '아무리 생각해도 걔는 아닌 것 같아'라는 결론이죠. 그런데 막연한 인상 말고, 관계 평균값을 계산하기 위한 구체적인 요소에는 무엇이 있을까요?

## '좋은 관계'를 구분할 수 있는 다섯 가지 평가 요소

첫 번째는 역시 인간성입니다. 여기서 인간성이란 관계적 정의감이에요. 사람에 대한 약속을 지키고 타인을 보호하고자 기꺼이 나서려는 마음, 그런 의리를 말합니다. 사회적 정의감이 아니라 나와의 친밀감과 나를 보호하려는 의지 등을 통틀어 말하는 것이라고 보시면 될 듯합니다. 나를 위한 '내 편' 개념이지요. 공평, 공정, 정명 이런 개념보다 우리 사이의 정의에 집중하자는 겁니다. 물론 착한 심성도 그 안에 들어갈 겁니다. 왜 어르신들이 하시는 얘기 있잖아요. '얘가 마음은 착해.' 개인적으로 그 사람의 다른 모든 특성을 무시하는 것 같아 이 말을 싫어합니다만, 생각해보면 사람이 착하기도 참 어렵습니다. 착하다는 것은 다른 말로 하면 이 사람은 늘 안전한 사람이라는 뜻이죠. 인간성을 이루는 하나의 요소입니다.

두 번째는 협력성입니다. 협력성은 서로 얼마나 도움을 주고받는가, 즉 내가 요청할 때 이 사람이 나를 돕는 사람이고 나도 돕고 싶은 사람인가를 말합니다. 또 그 사람이 나에게 얼마나 공감해주는가, 내가 이야기할 때 얼마나 웃어주는 사람인가 등을 아우르는 특성이죠. 자신의 손해에도 기꺼이 나를 위해 나서주는 고귀한 특성 역시 협력성에 들어갑니다. 생애를 통틀어 내 삶의 여러 지점에서 도움을 주고받았던 고마운 친구들, 앞서 말한 슈퍼친구와 삽친구 역시 협력성에 기반한 친구 개념이지요.

세 번째는 관계 도파민 생성도입니다. 우리가 살다 보면 너무 웃긴 사람들이 있지요. 저는 인생을 즐겁게 해주는 그런 사람들을 존경하고, 꼭 제 옆에 두고 있습니다. 이들은 웃음을 주는 것을 넘어서 나의 위로자들이지요. 인생에 포인트를 주는 사람들이고요. 웃음을 준다는 것은 공유하는 우리만의 코드가 있는 겁니다. 물론 웃기다가 사기치는 인간들도 있지만, 웃음을 주는 사람들이 인기가 많은 이유는 그들도 우리에게 호감을 갖고 있기 때문입니다. 관계 평균값을 고려할 때 나를 지켜주는 것만큼이나 중요한 특성입니다.

네 번째는 매너입니다. 아무리 친해도 지켜야 할 예의가 있죠. 가족, 친구, 직장 동료 등 멀든 가깝든 모든 관계에서 예의는 매우 중요한 요소예요. 특히 다른 사람과 함께 있을 때 나를 존중해주는 건 매너 이상이에요. 예의에 존중을 왕관처럼 올리는 것이죠.

마지막 다섯 번째는 모델링 가능 여부입니다. '쟤한테 이거 하나는 정말 배워야 해' 하는 친구들 있죠. 따봉이에요. 사람은 남에게 배우거나 남과 유사하게 행동하며 성장하는 경우가 많습니다.

관계 역시 모델이 되고 배울 점이 많다면 그 관계의 점수도 올라갈 수밖에 없지요.

이 다섯 가지 항목들을 각각 제일 높은 점수를 10점, 가장 낮은 점수를 1점으로 매겨보세요. 그리고 전체 항목이 5개였으니 이걸 5로 나누어보세요. 제 생각엔 관계 평균값이 7점을 넘으면 이 사람들은 괜찮다고 생각해요. 혹은 9점이나 10점인 항목이 하나라도 있다면 이것만으로도 앞으로 잘 지내야 할 친구라고 생각합니다. 다만 여기서 우리가 짚고 넘어갈 게 있어요. 너무 점수를 박하게 주지는 말아야죠. 그러면 다음 생애까지 친구가 없을 겁니다. 반대로 너무 후하게 주면 형편없는 인간도 내 친구라고 착각할 수 있으니 조심하세요!

관계가 정돈되어야 인생도 정돈된다:
관계 평균값 활용하기

그렇다면 관계 평균값을 어떻게 활용해야 할까요? 지금부터 굉장히 치사한 말씀을 드리고자 합니다. 저를 아주 비인간적이라고 오해할 만큼요. 다름 아닌 인간관계 성적 부여하기입니다. "야,

너는 얼마나 잘났길래 인간관계에 성적을 매기냐?" 바로 이렇게 말씀하셨지요? 다 들립니다.

지금 드리는 말씀은 도무지 인간관계가 정리되지 않아 고통받는 분들을 위한 것이에요. 관계에 기준이 없어서 평생을 휘둘리며 보냈다 싶은 분들 있잖아요. 또 인간관계의 키질을 전혀 못하시는 분들도 생각보다 많고요. 방 정리가 안 되면 주인이 방에서 넘어집니다. 마찬가지로 인간관계 정리가 안 되면 인생에서 넘어지기 쉬워요. 거절 못하는 나를 기꺼이 남용하는 인간을 곁에 두고 나를 오남용하게 두는 분들도 많지요. 어디 거절뿐입니까. 심지어 나쁜 선택을 하도록 홀리거나, 질투에 사로잡혀 나를 불살라 버리기까지 한단 말입니다. 그건 가족이나 친구나 마찬가지입니다. 심지어 사회는 정글이라지요. 삶에 수많은 위험이 있겠지만, 나쁜 관계가 지속되면서 생기는 리스크가 가장 치명적일 겁니다.

일단 만날 수 있는 사람들은 모두 관계 평균값을 생각해보시길 바랍니다. 대학교는 성적을 A, B, C, D, F 이렇게 매기지요. A학점은 정말 엑설런트인 거죠. 탁월한 겁니다. B학점도 꽤 잘한 거예요. C학점은 '좀 아쉽지만 그래도 괜찮네', D학점은 '노력을 좀 해야겠는데'라는 뜻이죠. F학점은 여지없이 꽝입니다. 앞에서 제가 10점 만점에 7점 정도는 괜찮다고 말씀드렸죠? 7점을 엄밀히 말하면 C학점인데, 영어로 해볼까요? 바로 '나쁘지 않아not bad'입니다. 더 좋으면 좋겠지만, 우리의 소망과 현실이 늘 일치할 순 없으니 나쁘지 않다 정도면 이 관계는 유지하셔도 좋아요.

그러나 이 평균값을 중심으로 해서 그 언저리에 있는 사람들도 있죠. 7점에서 약간 빠지는 것 같은 분들이요. 그러면 좀 봐주세요. 돌이켜보면 우리라고 다른 사람들에게 꼭 좋은 사람들이겠습니까. 우리 삶에 융통성은 나를 위한 배려이니 생명을 위한 융통성은 발휘합시다. 7점 이상의 사람하고 가깝게 지낸다면 너무 좋은 거고요. 그렇지 않다면 그 전후에서 적정한 관계의 지점을 찾아보세요.

좀 더 실용적으로 활용하는 방법을 이어서 말씀드릴게요. 관계에도 여러 종류가 있는데, 먼저 직장 동료는 나와 함께 일하고 때론 나를 평가하는 사람이기도 합니다. 내 진로에 영향을 미칠 수 있는 사람이기 때문에 관계 평균값이 높다면 동료를 넘어서 가까운 친구가 되어도 좋을 겁니다. 반대로 아무리 관계 평균값이 낮아도 직장 동료를 손절할 순 없습니다. 같이 일을 해야 되니까요. 그러면 그냥 안면을 튼 사람 정도, 오로지 업무 파트너라고 생각하세요. 최소한의 매너만 갖추시며 거리를 두고 대하시기 바랍니다.

한편 친구는 관계 평균값이 3점 미만라면, 이번 생에는 안 봐도 될 것 같습니다. 그 친구들에게는 최소한의 매너만 갖추고 부탁을 받으면 정중히 거절하세요. 3~6점 정도에 있는 사람이라면 그냥 아는 정도 지내시고요. 필요한 경우에 한해서 도움을 가볍게 주고받으세요. 그런데 7점 이상이라면, 내 마음을 털어놓을 수도 있고 상대 생일이나 경조사도 꼼꼼히 챙겨주세요. 이런 사람들이 인생 친구가 될 수 있는 인연이에요.

나가며

# 100＋α세 시대, 길어진 외로움을 홀로 또 함께 이겨내는 법[37]

　몇 년 전 〈세바시〉에서 했던 강의 중에 '나이 들수록 친구를 잘 사귀려면'이라는 제목이 있었어요. 조회수가 쌓이다 보니 쇼츠까지 합쳐서 벌써 600만이 넘었더라고요. 오, 반응이 괜찮으니 댓글을 읽어봤죠. 그런데 댓글의 절반이 '친구는 개뿔, 혼자가 편하다'라는 내용이었습니다. 아마 이렇게 댓글을 달았던 분들은 관계에 상처를 많이 받았거나 아주 진저리가 나서 진물이 생긴 분들이 아닐까 싶어요. 관계로 고통을 받으니 차라리 고독을 택하겠다, 이렇게 결정한 분들일지도 모르겠습니다.

　이렇게 말하더라도 평생 하루도 빠짐없이 혼자 지낼 순 없죠. 우리도 혼자 있어봤잖아요. 하루이틀이면 몰라도 며칠만 지나도 만만한 일이 아닙니다. 이제 제가 상담 현장에 있다 보니 다양한 분들을 만나는데, 최근에 이런 일이 있었어요. 건강한 50대 남성 한 분이 금요일에 상담실을 찾아오셨는데, 대개 금요일에 상담을 오시는 분들에게는 공통점이 있습니다. 거의 울면서 들어오시거나 울기 직전의 얼굴로 들어오세요. 그러니 '아구구 많이 힘드신가 보다' 생각하죠. 그런데 그날 오신 분은 넥타이도 반듯하게 매고 옷도 너무 깔끔하고 키도 크고 심지어 잘생겼어요. '이분은 어떤 일로 오신 걸까?' 하고 약간 호기심이 들었는데, 앉자마자 이렇게 말씀하셨어요. "저는 금요일이면 죽을 것 같습니다. 금요일이 너무 무섭습니다."

무슨 사연인가 들어보니, 이분은 5년 전에 이혼하시고 혼자 지방에 내려가 사무직으로 근무하고 계셨습니다. 사무실 직원들도 대부분 서울에서 내려오신 분들이었고요. 그러다 보니 금요일이 되면 동료분들은 모두 서울로 올라가시는데, 이분만 혼자 남아 야근을 하고 토요일까지 사무실에 남으셨어요. 집에 가는 것이 외롭고 두려우셨던 거죠. 그러다 보니 금요일만 되면 겁이 나더래요. 혼자 남아 있는 경험이 반복되니까요. 나중에는 금요일 다가온다 생각하면, 수요일부터 벌벌 떨리고 심장이 쿵쾅거리면서 공황 증상이 나타났습니다. 그날 금요일의 공포에 대해 한참 말씀하시고 정말 많이 울고 가셨어요.

외로움의 시기는 다들 한두 번쯤은 경험하셨을 겁니다. 하지만 어떤 사람에게는 이런 시간이 외로움을 넘어 공포가, 공포를 넘어서 고통이 될 수도 있겠구나 생각하게 됐지요. 외로움에 대해 극단적으로 말하는 것 같지만, 한번도 외로운 적이 없다고 얘기할 사람은 아마 없을 겁니다. 지금 외롭지 않다고 하시는 분들 계시죠? 걱정 마세요. 앞으로 외로울 거예요. 농담 삼아 말씀드렸습니다만, 인간은 원래 외로운 존재입니다. 자궁에서부터 혼자 출발하는 인생들이기 때문에 고독과 외로움은 본래적이고 선천적인 특징 중 하나라고 볼 수 있죠. 그럼에도 우리는 심각한 고독이나 외로움이 찾아왔을 때를 잘 대비하지 못합니다.

그렇다면 밀려오는 외로움과 고독을 그저 받아들여야 할까요? 그럴 순 없죠. 일단 맞서서 살아남아야 하고, 나아가 다룰 수 있어야겠죠. 마지막으로 외로움에 대한 대비책을 말씀드리려 합니다.

## 외로움이란 무엇일까?: 충만한 외로움과 위험한 외로움

대비책을 세우려면 먼저 외로움이 무엇인지 알아야겠죠. 외로움에는 색깔이 있어요. 감정에도 색깔이 있다는 얘기 들어보셨는지 모르겠는데요. 놀랍게도 상담 현장에서 외롭다, 우울하다 말씀하시는 분들은 자신의 감정을 '회색', '검정색'으로 표현하세요. 외로움에도 이처럼 색깔을 입힌 사람이 있습니다. 히말라야 산맥 8,000미터 봉우리 14개를 모두 등정한 최초의 산악인, 라인홀트 메스너라는 분입니다. 이분이 《검은 고독 흰 고독》[38]이라는 책을 내셨어요. 그분은 고독을 이렇게 나눕니다. 산꼭대기에 올라 느끼는 눈부신 자유감을 흰 고독, 올라가고 내려가는 과정에서 맞닥뜨리는 나를 삼켜버릴 듯한 눈보라를 검은 고독이라고요.

그 차이를 좀 더 자세히 알아볼까요? 못 믿으시겠지만 저는 마라톤을 합니다. 풀코스 아니고, 10킬로미터요. 그것도 오늘 출발하면 내일 도착합니다. 농담입니다만, 마라톤을 조금 해보신 분들은 아실 텐데 어느 정도 뛰다 보면 힘듦을 넘어 안쪽에서부터 희열과 성취감이 차올라요. 이를 '러너스 하이'라고 하는데, 혼자 뛰고 있는 고독의 순간에만 차오르는 감정이지요. 이게 아마 흰 고독일 겁니다.

반대편에 있는 것이 검은 고독일 텐데, 어느 정도 예상이 되실 겁니다. 내 삶을 쥐고 뒤흔들었던 엄청난 트라우마, 예를 들어 가족을 잃었다거나 가정폭력을 당했다거나 하는 빅 트라우마를 혼자 오롯이 마주해야 하는 순간에는 극한의 공포를 느끼게 되지요.

반복되는 상실과 좌절 속에 고통스럽게 방치되는 것, 그것이 검은 고독일 겁니다.

우리는 흰 고독도 경험하고 검은 고독도 경험할 텐데, 우리의 뒤통수를 무자비하게 후려치는 것은 바로 검은 고독입니다. 나를 고통스럽게 하는 지독한 외로움의 순간인 것이죠. 우리가 대비해야 할 외로움은 이런 외로움이고요.

그런데 외로움이 누구에게나 공평하게 찾아오진 않습니다. 외로움에 더 고통받는 사람이 따로 있다는 거죠. 영국의 방송사 BBC에서 대규모 연구 프로젝트 'BBC 외로움 실험BBC Loneliness Experiment'을 실시했어요. 영국의 주요 대학인 맨체스터대학교, 엑서터대학교, 런던대학교 교수들이 전 세계에 있는 5만 5,000명을 대상으로 외로움에 대해 온라인 설문 조사를 한 겁니다. 그랬더니 아주 놀라운 결과가 쏟아지기 시작합니다.[39]

어떤 사람이 외로움을 더 많이 느끼는지 살펴봤더니, 젊을수록 외롭더라는 거예요. 특히 건강 상태가 좋지 않거나 실업 상태에 있는 사람들이 더 심했습니다. 그리고 사회성이 좋거나 보통인 사람들이 오히려 훨씬 자주 외로움을 느꼈습니다. 한편 우리가 외로움 하면 보통 가을과 겨울, 찬바람 불 때를 떠올리는데 외로움에는 계절이 없더랍니다. 어떤 계절이든, 아무 때나 무작정 외롭더라는 거죠. 그런데 겨울보다 여름, 특히 한여름에 외로움을 더 많이 느끼는다는 연구도 있는데요. 마치 불 속에서 동상을 입는 느낌인 것이죠. 외로움을 많이 느끼는 사람들은 의외로 사회적 공감 수준이 평균보다 높았습니다. 사랑에는 잘 빠지지만 헤어지면 취약한 사람들처럼요.

이 연구 결과를 바탕으로 가장 외로운 사람을 상상해볼까요? 사람들과 잘 어울리고 사랑에 흠뻑 빠져 있는 청년이 한여름에 이별을 앞두었을 때 이 세상에서 가장 외롭다는 결론이 나옵니다. 성숙한 어른도 찬란한 청춘도 외로움을 비껴갈 수는 없는 것이죠.

사람이라면 누구나 양면성을 가지고 있듯, 외로움도 마찬가지입니다. 외로움을 느끼더라도 사회성을 어느 정도 유지한다면 대부분 괜찮습니다. 사회생활을 왕성하게 하는데 마음 한구석에서 쓸쓸함을 느끼는 것 역시 문제는 없어요. 누구나 그럴 수 있습니다. 인간이 갖고 있는 기본적인 양쪽의 정서니까요. 문제는 진저리 나도록 심각하게 심장을 파고드는 외로움이고, 이런 외로움을 다룰 방법을 알고 있어야겠죠.

## 외로움으로부터 나를 안전하게 지키는 방법

전 외로움이 당뇨 같은 거라고 생각해요. 관리 질환인 거죠. 여기서 외로움이란 비자발적 고립감인데, 이를 잘 관리하지 못하면 완벽하게 고립될 수도 있어요. 게다가 외로움에는 전염성이 있어서, 점차 많은 사람에게 퍼지면서 거대해집니다. 그러면 사회 문제로까지 커져버리지요.

그래서 영국에는 '외로움 장관'이 있고, 일본에는 '고독 장관'이 있어요. 이 장관님들이 제일 싫어하는 책은 《백년 동안의 고독》일 거고요. 그런데 우리나라에는 필요하지 않아서 없는 걸까요? 최근에 강연이나 지식을 소개하는 여러 유튜브 채널을 살펴보니, 4가지 주제가 굉장히 왕성하게 다뤄지고 있더라고요. 첫째, 도움은 주지도 말고 받지도 말자, 둘째, 귀한 정보는 반드시 혼자 알아라, 셋째, 애정은 돈이 된다, 마지막 넷째, 힘든 인간관계는 싹 다 손절해라였습니다. 이런 내용이 많아서인지 우리나라는 OECD 국가 중에 사회적 연대 점수가 꼴찌입니다. 곤경에 처했을 때 의존할 가족이나 친구가 있느냐는 질문에 '아니다'라고 답한 사람이 27.6퍼센트나 됩니다. 10명 중 3명은 주변에 나를 지지해줄 사람이 없는 것이죠. 어느 누구도 외로움으로부터 안전하지 않다는 뜻입니다.

우리에겐 반드시 찾아올 외로움에서 나를 구해줄 구급 키트가 필요합니다. 이 키트는 '나는 솔로'를 외치시는 분들, 함께 사는 동반자가 있는 분들 모두에게 필요합니다. 여러분, 외로움에는 사랑이 있으면 된다고요? 사랑으로 될 것 같으면 이 나라 자살률이 이렇게 높겠습니까. 사랑을 한다 해도, 함께 있더라도 우리는 각자 외롭습니다. 인간이 본래 그러해요. 그 '본래'가 누군가에게는 '위기'로 돌변하기도 하고요. 그 순간 외로움에 갇혀 고립되지 않기 위해, 검은 고독을 하얀 고독으로 바꾸기 위해 필요한 것이 바로 '자기돌봄 129콜'입니다.

먼저 '1'은 한 개의 만트라입니다. 하나의 만트라를 만들고 외우라는 것이죠. 산스크리트어로 '만'은 '마음'이란 뜻이고 '트라'는 '도구'라는 뜻입니다. 즉 '만트라'는 '마음의 도구'로, 마음이 부정적인 감정에 빠지는 걸 막고 건강한 상태에 나를 집중시키기 위한 일련의 단어나 음절입니다. 이걸 저만의 용어로 바꿔보면 '나만의 마법 주문', '나만의 마음 안정 주문'이라고 말할 수 있을 것 같습니다.

외로움이라는 게 불변의 감정이 아니에요. 외로움은 하나의 상태입니다. 당연히 달라질 수 있고, 그러려면 내 상태가 변하고 마음이 안정되어야 합니다. 이때 만트라가 위력을 발휘하는데요.

몇 가지 만트라를 소개해드리려 합니다.

먼저 〈태조 왕건〉이라는 유명한 사극에서 등장한 불교의 만트라가 있죠. "옴마니 반메 훔"이요. 이 말은 사실 산스크리트어 진언眞言 'oṃ maṇi padme hūṃ'을 소리 나는 대로 적은 것이고 한자로는 '唵麼抳鉢銘吽'이라고 씁니다. 불교에서는 이걸 굳이 해석하진 않지만, 풀어서 쓰자면 "오, 나의 연꽃 속 보석이여"라는 뜻이라네요. 이 말을 반복하면 번뇌가 사라지고 온갖 종류의 지혜를 갖추게 된다고 알려져 있죠.

한편 기독교나 가톨릭 교인이시라면 주기도문이나 성경 구절도 괜찮습니다. 에벤에셀, 에바다 같은 표현들을 반복적으로 사용하셔도 좋고요. 이런 '마법 주문'을 외는 것이 얼마나 도움이 되는지 경험하신 분들은 이미 아실 겁니다.

그런데 어떤 만트라를 외워야 할지 모르겠는 분들이 많으셔서, 한 가지 권해드리겠습니다. 바로 라틴어 '쿰 데오Cum Deo'입니다. 쿰Cum은 '위드with(같이, 함께)'라는 뜻이고, 데오Deo는 '신'을 가리킵니다. '쿰 데오'는 '신과 함께', 즉 '신이 나와 함께해주신다'는 의미입니다. 만트라를 외우실 때는 손을 함께 사용하면 더욱 효과가 좋은데요. "쿰 데오"라고 말하며 오른쪽 주먹을 꼭 쥐고 몸쪽으로 끌어당기기를 반복하는 겁니다. '쿰 데오, 쿰 데오, 쿰 데오, 쿰

데오, 쿰 데오!' 이렇게 다섯 번씩만 하세요. 무언가 나를 잡아주는 느낌이 들면서 마음에 평화와 안정이 찾아올 겁니다.

어떤 것이든 여러분의 만트라를 정했다면 적어도 6개월은 바꾸지 마시고 매일 반복하시기 바랍니다. 만트라가 여러분에게 마음의 말뚝 역할을 해주고 나를 움직이지 않는 하나의 거대하고 안전한 섬에 데려다준다는 느낌을 받게 되실 겁니다.

두 번째 '2'는 바로 두 개의 취미입니다. 취미란 그야말로 혼자 놀기의 진수입니다. 심리학자 미하이 칙센트미하이는《몰입의 즐거움》에서 취미를 이렇게 말합니다. '최고의 전문성'과 '최고의 재미'가 만나는 것이라고요.[40] 결국 취미는 나의 자발성과 집중, 그 몰입의 열매입니다. 만트라와 같은 언어유희, 말의 힘을 통해 내 마음을 다잡을 수도 있겠지만, 나 자신을 즐거움의 자리로 초대해 행복한 몰입을 경험하는 것도 마음을 단단하게 해줍니다. 집 밖 취미와 집 안 취미를 각각 하나씩 가지면 계절이나 날씨와 무관하게 죽는 날까지 나만의 기쁨이 충만할 겁니다.

세 번째 '9'는 바로 구원 행동입니다. 구원 행동이란 나 자신뿐 아니라 타인을 구하는 행위를 말하죠. 남을 도울 일을 찾아서 하루에 한 가지 '선행'을 해보시길 바랍니다. 지나가다 넘어진 입간판을 세우거나 다음 사람을 위해 출입문을 잠깐 잡아줘도 좋습니다. 길에 떨어진 쓰레기를 하나 주워도 좋고 무료 급식소나 장애인을 대상으로 하는 자원봉사에 참여하는 것도 추천합니다. 그리고 한 가지 선행을 했다면 무조건 적어두시기 바랍니다. 중년의 기억력은 선행도 잊어버려요.

이런 구원 행동을 이타적 행동이라고 부르는데, 이타적 행동은 공개적이건 비공개적이건 하기만 하면 두 가지 효과가 발생해요. 하나는 마더 테레사 효과입니다. 1998년 하버드대학교 의과대학에서 시행한 연구에 따르면 남을 돕는 활동을 하거나 이러한 활동을 보기만 해도 신체의 면역력이 증가되는 효과가 나타났는데, 이를 마더 테레사 효과라고 부릅니다. 이 연구에서는 테레사 수녀의 활동을 찍은 영화를 학생들에게 보여주고 그 학생들의 침에 포함된 면역항체 Ig A 수치를 측정했어요. 그 결과 영화를 본 학생들의 Ig A 수치가 실험 전보다 높게 나타났습니다! 선한 행동을 보는 것만으로도 면역력이 증가하고 건강해진다는 겁니다.[41] 보기만 해도 이 정도인데 내가 선행을 한다면 얼마나 좋아지겠습니까!

다른 하나는 헬퍼스 하이helper's high입니다. 헬퍼스 하이란 다른 사람을 돕거나 친절한 행동을 한 후에 경험하는 긍정적인 감정 상태를 말하는데요. 이 현상은 1992년 앨런 룩스와 패인 페기의 책《선행의 치유력The Healing Power of Doing Good》을 통해 알려졌습니다.⁴² 앨런 룩스가 수천 명의 자원봉사자들을 연구한 결과, 그중 95퍼센트가 도움을 주는 행동을 통해 기쁨과 좋은 감정을 느꼈다는 걸 알게 되었죠. 곧 헬퍼스 하이는 내가 누군가를 도왔을 때 느끼는 심리적 포만감이라고 할 수 있습니다. 가슴이 뻐근해지며 뿌듯해지는 느낌 있죠? 이건 보통 며칠, 심지어 몇 주까지도 이어집니다. 만약 봉사 단체에 가입해서 봉사 활동을 한다면 그건 나도 구하고 세상도 구하는 행동이라고 봐야지요. 거기에 소속까지 갖게 되고요.

그러니 여러분, 외롭다는 생각이 들 때는 당장 집 앞에 나가셔서 눈 딱 감고 쓰레기 두 개만 보란 듯이 주워보세요. 몰래 주우면 안 되고 보란 듯이 주워서 쓰레기통으로 가시면 됩니다. 희한하게 기분 좋은 뻐근함이 시작될 겁니다. 삶의 의미가 피어나는 이 뻐근함을 지금 행동하면 바로 느낄 수 있습니다.

마지막 '콜'은 힘들 때 꼭 전화하시라는 겁니다. 고통이란 주관적인 것이어서 타인의 평가와 무관하게 나의 고통 점수는 늘 100점 만점에 100점입니다. 병이 나서 아프면 병원에 가는 것처럼 외로워서 고통스러울 땐 전문가를 찾아가세요. 요즘은 전국민 마음투자 지원사업을 통해 전문 심리 상담 서비스도 진행 중이라 언제든 바우처를 받아 무료 상담을 받을 수 있습니다.

찾아가는 게 부담스럽다면 주저하지 말고 무료 번호 129번으로 전화하세요. 보건복지부에서 운영하는 무료 상담 전화입니다. 만일 전화공포증이 있어 그마저도 힘이 든다면 129 카카오톡 플러스 친구 채널을 활용하시면 됩니다. 채팅으로 대화도 나누고 필요한 도움도 받을 수 있어요.

부싯돌로 불 피우기 위해서는 두 개의 부싯돌이 필요하지요. 그러나 부싯돌을 둘 다 움직일 필요 없이 하나만 움직여도 불꽃이 살아납니다. 이 글을 읽고 계신 여러분, 사회적 체온이 떨어진 친구가 생각난다면 뜬금없는 안부 전화, 안부 문자 한 통 하셨으면 좋겠습니다. 이런 말씀 드리면 많은 MZ분들이 그러시죠. "이걸요? 제가요? 왜요?" 일명 'MZ의 3요'라고 많이들 얘기하시죠? 그러나 우리의 어색한 용기가 나와 누군가의 생명의 불꽃을 다시 피워냅니다. 그래서 어느 쪽 부싯돌이 되든 나만의 만트라로, 두 개의 취미로, 구원 행동으로, 또 우리의 도움 전화로 사람을 살리는 행동들을 꼭 하셨으면 좋겠습니다. 나와 너의 생명의 불을 지피는 신의 연주에 동참하는 행동을요. 쿰 데오, 신과 함께 나와 이웃과 공동체를 살리는 생명의 춤을 시작하셨으면 좋겠습니다.

# 주

1 평균 40.3세인 23명의 여성과 20명의 남성에게 30세 이후 자신
  의 선택에 출생에서 성장기까지 자신을 양육한 부모가 얼마나
  영향을 미쳤는지에 대한 인터뷰를 진행한 결과입니다. 본 조사
  에 대한 연구 결과는 향후 학술논문으로 출간될 예정입니다.

2 J. Bowlby.(1988). *A Secure Base: Parent-Child Attachment and
  Healthy Human Development.* Basic Books.

3 제프리 아넷의 지연된 성인기에 관하여는 다음의 책을 살펴보
  세요. Arnett, J. J. (2004). *Emerging adulthood: The Winding Road
  from the Late Teens through the Twenties.* Oxford University Press.

4 헨리 나우웬,《영적 발돋움》, 이상미 옮김, 두란노, 1992.

5 조지 베일런트,《행복의 조건》, 이덕남 옮김, 이시형 감수, 프런
  티어, 2010.

6   우정민, 홍진표, 조성진, 이준영, 전홍진, 김병수, 장성만. (2019). directional Association between First-Episode Panic Disorder and Major Depressive Disorder in a Nationwide General Population Survey in Korea. *Journal of Korean Medical Science*, 34(26), 1-10

7   마틴 셀리그만, 《마틴 셀리그만의 긍정심리학》, 김인자·우문식 옮김, 물푸레, 2014.

8   Biswas-Diener, R. (2012). *The Courage Quotient: How science can make you braver.* Wiley.

9   South Richardson, D. (2014). Everyday Aggression Takes Many Forms. *Current Directions in Psychological Science*, 23(3), 220-224. https://doi.org/10.1177/0963721414530143

10  Anderson, J. (2016, March 31). Science proves that parents really do play favorites, *Quart.* https://qz.com/650783/science-proves-that-parents-really-do-play-favorites.

11  Raza Mirza, Melissa Macri, Deirdre Kelly-Adams, Carley Moore, Andrea Austen, Jacalyn Tanner, Jessica Hsieh, Christopher Klinger. (2021). Thriving-in-Place: Examining the impact of intergenerational living in the Toronto HomeShare Program. *Innovation in Aging 5(*Supplement_1), 1059-1059.

12  M. M. Kroll. (2022). Prolonged Social Isolation and Loneliness are Equivalent to Smoking 15 Cigarettes A Day. *University of New Hampshire.* https://extension.unh.edu/blog/2022/05/prolonged-social-isolation-loneliness-are-equivalent-smoking-15-cigarettes-day

13 옥스포드대학교 연구팀이 운영하는 연구 홈페이지(https://ourworldindata.org/) 참조.

14 아리스토텔레스, 《니코마코스 윤리학》, 강상진·김재홍·이창우 옮김, 도서출판 길, 2011.

15 William J. Chopik. (2017). Associations among relational values, support, health, and well-being across the adult lifespan. *Personal Relationships*, 24, 408 – 422.

16 Christos Pezirkianidis, Evangelia Galanaki, Georgia Raftopoulou, Despina Moraitou, Anastassios Stalikas. (2023). Adult friendship and wellbeing: A systematic review with practical implications. *Front Psychology*, 14, 1059057. doi: 10.3389/fpsyg.2023.1059057.

17 우정과 건강의 연관성에 대한 'Mayo Clinic Staff'의 제안에 대해 자세히 보시려면 다음 홈페이지의 글을 읽어보세요. https://www.mayoclinic.org/healthy-lifestyle/adult-health/in-depth/friendships/art-20044860.

18 도구적 친구가 돈이 될 수 있다는 내용을 자세히 알고 싶다면 남평의 논문을 참고하세요. 남평. (2018). Value of Friendship: Instrumental and Sentimental Motivations for Corporate Executives' Networking Behavior. 서울대학교 석사학위 논문.

19 M. Pane, Christian Siregar, H. Sriyanto.(2023). The High Economic Value for Videos in a YouTube Channel by Communication using Digital social media (Case Study: Successful Videos about A Particular Motorcycle Group in a YouTube Channel). *ICCMB*

'23: *Proceedings of the 2023 6th International Conference on Computers in Management and Business*. 148–155. https://doi.org/10.1145/3584816.3584839.

20  R. Kimberlee, Matthew Jones, J. Powell. (2013). *Measuring the economic impact of the wellspring healthy living centre's social prescribing wellbeing programme for low level mental health issues encountered by GP services*. Uniersity of th West of England Press.

21  이 글은 〈세바시〉 강연 '나이 들수록 친구를 잘 사귀려면'의 내용을 수정·보완한 것입니다. https://www.youtube.com/watch?v=SoOdqxKNTe0.

22  Selman, R. L.(1981). *The child as a friendship philosopher*. In S.R. Asher & J. M. Gottman(Eds.). *The development of children's friendships*. Cambridge University Press.

23  〈헬스조선〉-「나이 들어도 친구 자주 만나야 뇌 신경망 보존」, 2018년 1월 2일 게재.

24  Crittenden, C. N., Murphy, M. L. M., & Cohen, S. (2018). Social integration and age-related decline in lung function. *Health Psychology*, 37(5), 472–480. https://doi.org/10.1037/hea0000592

25  A, Forth, Sage S, S, Lee, M, Ritchie, J, Logan, and H, Ellingwood(2022). Toxic Relationships: The Experiences and Effects of Psychopathy in Romantic Relationships. *International Journal of Offender Therapy and Comparative Criminology*, 66(15), 1627-1658.

26  Stern, R. (2007). *The gaslight effect: how to spot and survive the hidden manipulation others use to control your life.* Morgan Road Books.

27  공정식, 「성인 대상 성적 그루밍 방식의 성폭력 평가」, 《안전문화연구》 12, 2021, 145~161쪽.

28  Sinnamon. G. (2017). The Psychology of Adult Sexual Grooming: Sinnamon's Seven-Stage Model of Adult Sexual Grooming, W. Petherick & Sinnamon, G Eds. *The Psychology of Criminal and Antisocial Behaviar.* Victim and offender perspectives(pp. 459-487). Elsevier, Academic Press.

29  공정식, 「성인 대상 성적 그루밍 방식의 성폭력 평가」, 《안전문화연구》 제12호, 2021, 159쪽.

30  〈중앙일보〉-「이완용에서 출발…? 신기한 '꼰대'의 어원」, 2017년 6월 8일 게재.

31  용혜원, 《세상을 변화시키는 칭찬 한마디의 기적》, 청우, 2003, 7~8, 12, 13, 14, 15, 16, 17, 19, 21, 34, 108, 114, 145, 154, 156쪽.

32  이창호, 《칭찬의 힘》, 해피앤북스, 2005.

33  Dweck, C. S. (2006). *Mindset: The new psychology of success.* Random House Incorporated.

34  Danner, D. D., Snowdon, D. A., & Friesen, W. V. (2001). Positive emotions in early life and longevity: Findings from the nun study. *Journal of Personality and Social Psychology*, 80(5), 804 - 813. https://doi.org/10.1037/0022-3514.80.5.804.

35 Fredrickson, B. L., & Losada, M. F. (2005). Positive Affect and the Complex Dynamics of Human Flourishing. *American Psychologist*, 60(7), 678–686.

36 앤서니 T. 디베네뎃, 《유쾌함의 기술》, 김유미 옮김, 다산초당, 2020.

37 이 글은 〈세바시〉 강연 '외로울 때 사랑보다 필요한 것들'의 내용을 수정·보완한 것입니다. https://youtu.be/wlR72AEW4LA?si=ZKAe9bH0Yxz6zNeA.

38 라인홀드 메스너, 《검은 고독 흰 고독》, 김영도 옮김, 필로소픽, 2019.

39 이 연구 결과에 대한 자세한 자료는 맨체스터 대학에 게시된 다음의 자료를 참고하세요. https://www.seed.manchester.ac.uk/education/research/impact/bbc-loneliness-experiment/.

40 미하이 칙센트미하이, 《몰입의 즐거움》, 이희재 옮김, 해냄, 2021.

41 David C. McClelland and Carol Kirshnit. (1988). The effect of motivational arousal through films on salivary immunoglobulin A. *Psychology&Health*, 2, 31-52.

42 L. Allan & P. Peggy. (2001). *The Healing Power of Doing Good: The Health and Spiritual Benefits of Helping Others*. Fawcett Books. 실제 연구 논문으로 먼저 발표된 건 다음의 논문입니다. Kottler, J. (1994). Doing Good: Counseling and the "Helper's High". *The Journal of Humanistic Education and Development*, 33, Issue 2, 94-96.

# 이호선의 나이 들수록

1판 1쇄 발행 2025년 2월 13일

지은이 · 이호선
펴낸이 · 주연선

## (주)은행나무

04035 서울특별시 마포구 양화로11길 54
전화 · 02)3143-0651~3 | 팩스 · 02)3143-0654
신고번호 · 제 1997-000168호(1997. 12. 12)
www.ehbook.co.kr
ehbook@ehbook.co.kr

ISBN 979-11-6737-521-6 03180